정리 잘하는 사람은
이렇게 합니다

집중력이 높아지는 방 정리 습관
정리 잘하는 사람은 이렇게 합니다

초판 1쇄 발행 2021년 9월 17일

지은이 고메다 마리나 / **일러스트** 니카이도 치하루 / **옮긴이** 박연정 / **펴낸이** 김태헌
총괄 임규근 / **책임편집** 고현진 / **기획·편집** 박지영
교정교열 박성숙 **디자인** 지완
영업 문윤식, 조유미 / **마케팅** 박상용, 손희정, 박수미 / **제작** 박성우, 김정우

펴낸곳 한빛라이프 / **주소** 서울시 서대문구 연희로 2길 62
전화 02-336-7129 / **팩스** 02-325-6300
등록 2013년 11월 14일 제25100-2017-000059호
ISBN 979-11-90846-23-3 13590

한빛라이프는 한빛미디어(주)의 실용 브랜드로 우리의 일상을 환히 비추는 책을 펴냅니다.
이 책에 대한 의견이나 오탈자 및 잘못된 내용에 대한 수정 정보는 한빛미디어(주)의 홈페이지나 아래 이메일로 알려주십시오. 잘못된 책은 구입하신 서점에서 교환해 드립니다. 책값은 뒤표지에 표시되어 있습니다.

한빛미디어 홈페이지 www.hanbit.co.kr / **이메일** ask_life@hanbit.co.kr
페이스북 facebook.com/goodtipstoknow / **포스트** post.naver.com/hanbitstory

---

SHUCHU DEKINAINOWA, HEYA NO SEI.
Copyright © 2021 by Marina KOMEDA
All rights reserved.
Interior illustrations by Chiharu NIKAIDO
First original Japanese edition published by PHP Institute, Inc., Japan.
Korean translation rights arranged with PHP Institute, Inc.
through JM Contents Agency Co.
Korean translation rights © 2021 by Hanbit Media Inc.

이 책의 한국어판 저작권은 JMCA를 통한 PHP Institute, Inc.와의
독점계약으로 한빛미디어(주)에 있습니다.
저작권법에 의해 보호를 받는 저작물이므로 무단 복제 및 무단 전재를 금합니다.

지금 하지 않으면 할 수 없는 일이 있습니다.
책으로 펴내고 싶은 아이디어나 원고를 메일(writer@hanbit.co.kr)로 보내주세요.
한빛라이프는 여러분의 소중한 경험과 지식을 기다리고 있습니다.

들어가며

정리의 뉴 노멀 New Normal

집에서 일이나 공부가 잘되나요? 집에서도 회사나 학교에서와 같은 집중력을 유지할 수 있나요?

재택근무 환경은 갖추었는데 10분마다 SNS를 봅니다. 이것저것 할 게 많아 조급하지만 눈앞의 일에 집중하지 못하고, 여러 가지 물건이 보여 어수선합니다. 이런 고민을 안고 있는 사람은 많습니다. 만약 집에 사무실이나 카페 혹은 그 이상으로 집중할 수 있는 환경이 갖추어지면 얼마나 편할까요.

이 책에서는 **집에서 일이나 공부를 할 때 집중력을 높일 수 있는 방 '정리법'**을 소개합니다. 집은 365일 24시간 영업, 이용료 무료, 음식 자유, 공조 시스템 완비, 이동 시간 0분의 공간입니다. 집에서 집중력이 자유롭게 형성되기만 하면 매우 효율 좋은 작업 장소가 됩니다. 시간이 부족할 때도, 날씨가 나쁘거나 바이러스 걱정으로 밖에 나가기 힘을 때도 '하고 싶은 일을 지속'할 수 있습니다.

정리에 관한 책은 많습니다. 하지만 대부분이 '정갈한 생활'이나 '여유로운 생활'을 목표로 삼습니다. 재택근무나 가정 학습에 적합한 환경, 즉 '집중할 수 있는 방 만들기'가 목표는 아니지요. 소개하는 방법들도 직장인에게는 그다지 도움이 되지 않습니다.

이 책은 '<u>업무의 집중력을 높이는 것</u>'으로 목적을 좁히고 그 방법을 정리했습니다. 일이나 공부를 하느라 바쁜 나날을 보내는 여러분께 노력과 시간을 들이지 않고 최단 루트로 방을 정리하는 방법을 알려드리겠습니다.

정리를 못하는 것은 마음이 아닌 시스템의 문제

우리는 정리에 대해 3가지를 착각하고 있습니다. 하나는 정리에서 '정신력'을 중요하게 생각한다는 점입니다. '버릴까 남길까를 결정하려면 강한 의지가 필요하다', '좋아하는 물건 이외에는 깨끗하게 버린다' 등 자신의 마음과 마주하는 것을 우선시합니다. 그러나 물건을 버리지 못하는 마음에서 버리는 마음으로 바꾸는 데는 시간이 걸립니다. 성격은 사람마다 제각각이기 때문에 정신력으로는 성과에서 차이가 납니다.

<u>정리는 정신력이 아닌 기계적인 스킬입니다.</u> 정리를 잘 못하는

사람도 '자신을 바꿀 각오'는 필요 없습니다.

'정리를 잘 못하는' 것은 성격 탓이 아니라 정리의 규칙이 정해져 있지 않거나 물건 수에 비해 방 면적이 좁은 것뿐입니다. 즉, '시스템'의 문제로, 시스템을 개선하면 방이 좁거나 물건이 많아도 정리할 수 있습니다.

또 하나의 착각은 극적인 비포before·애프터after를 기대한다는 것입니다. 정리는 하루아침에 성과가 나타나는 일이 아닙니다. '빨리 방을 깨끗하게 하고 싶다'는 기분은 잘 알지만, 일주일 만에 다시 방이 어질러지면 실망감이 들고 자존감이 떨어져 집에서 일하는 것 자체가 싫어질 수도 있습니다.

목표는 정리하기 전 상태로 되돌아가지 않는 방 만들기입니다. 장기적으로 집중할 수 있는 환경을 유지하는 것이지요. 이 책에서는 누구나 간단하게 실천할 수 있는 방법을 소개합니다. 한 단계씩 따라 하기만 하면 서서히 방이 정리되고, 이전 상태로 되돌아가지 않는 근육질의 방이 완성됩니다.

정리 방법을 업데이트하자

저는 현재 평일에는 벤처 기업에서 데이터 해석 업무를 하면서 야간 대학원을 다니고, 휴일에는 정리수납 어드바이저로 기업이나 개인에게 정리 컨설팅을 합니다. 감사하게도 일도, 공부도, 컨설팅도 모두 온라인으로 진행합니다.

저는 초등학교 때부터 현재까지 '재택 작업'으로 성과를 냈습니다. 이 책에서는 지금까지의 경험, 일을 통해서 얻은 지혜와 지식을 기반으로 재택 작업에 적합한 방 만들기·정리 노하우를 알려드리고, 분명한 과학적 근거^{evidence}도 함께 제시합니다.

기술의 진보 덕에 지금은 많은 일을 집에서도 할 수 있습니다. 그러나 집을 정리하는 방법은 부모님 세대 때와 크게 달라지지 않았습니다. 효과가 나타나지 않는 정리에 시간을 들이는 것은 **비효율**적입니다.

이 책의 목표는 재택근무를 하는 직장인뿐만 아니라 주부, 수험생, 학생 등이 집에서도 확실하게 집중할 수 있는 환경을 만들어 성과로 이어지게 하는 '정리법'입니다. 새로운 시대인 만큼 지금까지의 정리 방법도 바꿔야 합니다. 이제 여러분의 정리 방법을 업데이트해보세요.

정리수납 어드바이저
고메다 마리나

차례

들어가며_ 정리의 뉴 노멀 _004

PART 1. 책상에 물건을 두지 마라!

[집중할 수 없는 방이란]
'어질러진 방에서 집중하지 못하는' 과학적 근거 _014

[빠르게 척척 정리 ①]
집중력을 흐트러뜨리는 '아직 끝내지 못한 일'을 없앤다 _019

[빠르게 척척 정리 ②]
사진을 찍어 '방해되는 물건'이 무엇인지 파악한다 _023

[빠르게 척척 정리 ③]
꺼내놓은 물건이 그대로 있으면 집중력이 떨어진다 _026

[간단한 책상 정리 ①]
책상 위에는 아무것도 없어야 한다 _030

[간단한 책상 정리 ②]
책상 주변의 주간 재고 회전율을 '1 이상'으로 한다 _034

[간단한 책상 정리 ③]
일부러 물건을 두어도 좋다 _038

[정리의 기본 ①]
'정리'와 '수납'은 단시간에 여러 번 한다 _043

[정리의 기본 ②]
정돈은 매일 5분 이내로! _047

[정리의 기본 ③]
'꺼낸다→분류한다→결정한다→되돌려 놓는다'를 반복한다 _049

[정리 3단계]
데이터를 정리하듯 방을 정리한다 _053

`Daily Life`
단순한 일상, 몸과 마음을 더욱 편안하고 건강하게 하다 _058
_ 지선 블로거

PART 2. 자주 사용하는 물건은 가까이 둔다

[물건의 분류]
'정리'는 버리기가 아니라 분류하기 _064

[일일 폴더 정리 규칙]
매일 사용하는 물건 수납법 _069

[주간 폴더 정리 규칙]
매주 사용하는 물건 수납법 _074

[월간 폴더 정리 규칙]
매월 사용하는 물건 수납법 _079

[연간 폴더 정리 규칙]
매년 사용하는 물건 수납법 _087

[물건의 처분]
사용하지 않지만 버리지 못하는 물건 대처법 _091

`Column`
재택근무와 사무실 근무를 자유롭게 활용하자 _098

PART 3. 정리에서 인테리어는 마지막의 마지막에

[심플한 사고]
방에 대한 꿈과 이상은 버린다 _106

[인테리어의 유무]
'겉모양부터 들어가면' 실패한다 _110

[수납 테크닉]
수납용품 구입은 크기를 확인한 뒤에 _115

[소소한 수납법 ①]
3단 공간 박스만 구입하면 끝 _ 118
[소소한 수납법 ②]
책상 주변에 음식이나 유아용품을 두어도 OK _ 122
Column
평소에 하지 않던 일을 무리해서 시작하지 않는다 _ 126

PART 4. 종이나 옷은 버리지 말고 공유한다

[공유 사고 ①]
일까지 하기엔 좁아도 너무 좁은 방 _ 130
[공유 사고 ②]
개인 PC 로컬디스크에 데이터를 떠맡기면 언젠가 터진다 _ 133
[외부 수납]
방에 수납하는 것만이 정리는 아니다 _ 137
[서류 정리법]
대량의 서류에서 자유로워지자 _ 141
[책 정리]
책은 한 권도 버리지 않아도 된다 _ 148
[물건과 마주하는 방법 ①]
방에 두는 이유를 말로 설명한다 _ 152
[물건과 마주하는 방법 ②]
콤플렉스는 공유해서 승화시킨다 _ 155
[가족의 물건 정리]
가족의 물건 때문에 힘들어도 불평은 하지 않는다 _ 157
Daily Life
미니멀 라이프와 정리정돈, 가족과 함께하면 효과는 두 배 _ 160
_ 홍은실 작가

PART 5. 여러분의 방에도 서재를 만들 수 있다

[서재 만들기]
0.5평이면 일할 수 있다 _ 168

[바로 집중하는 기술]
'가볍게 말을 걸지 못하도록' 나만의 공간임을 선언한다 _ 173

[책상과 의자 선택 방법]
'번아웃증후군'은 책상과 의자의 높이로 방지 _ 177

[소형 디지털 기기 선택 방법]
자신에 대한 보상으로 양질의 키보드를 _ 183

[어댑터 정리법]
계속 늘어나는 어댑터를 깨끗하게 정리한다 _ 186

[업무 관리]
냉장고를 집안일의 스케줄 보드로 만든다 _ 190

[방의 재배치]
작업 내용에 따라 방의 배치를 살짝 바꾸어 효율 UP _ 192

Column
도쿄대 학생의 80%가 거실에서 공부하고 있다 _ 199

Daily Life
서재로 출근하는 여행 작가의 방 _ 201
_ 우지경 작가

나오며 _ 꿈은 집에서 이루어진다 _ 205

이 장은 구체적인 '정리 기술'로 들어가기 전 준비 단계로,
당신이 왜 집중하지 못하는지 그 이유를 아는 것부터 시작합니다.
그다음에 정리의 기본을 마스터하기로 해요.

PART
1

책상에 물건을 두지 마라!

단 10초 만에 완성하는 정리의 기본

Method · 01

집중할 수 없는 방이란

'어질러진 방에서 집중하지 못하는' 과학적 근거

"또 책상에 만화책 올려놨네. **책상이 어질러져 있으니까 공부에 집중을 못 하잖아!**"

어렸을 때 이런 식으로 부모님께 혼난 적 있는 사람이 많을 겁니다. 대부분은 투덜거리면서도 마지못해 만화책을 치우고 책상 앞에 앉았을 거예요. 책상 위에 놓인 물건과 집중력 사이에는 어떤 관계가 있을까요?*

---

* Evidence: 이에 대해서 프린스턴 대학 신경과학연구소가 진행한 〈시각에 가해지는 자극의 종류와 집중력의 상관관계〉라는 흥미로운 연구가 있습니다.(「Interactions of Top-Down and Bottom-Up Mechanisms in Human Visual Cortex」Stephanie McMains and Sabine Kastner. 2011년.)

다음의 두 그림을 볼게요.

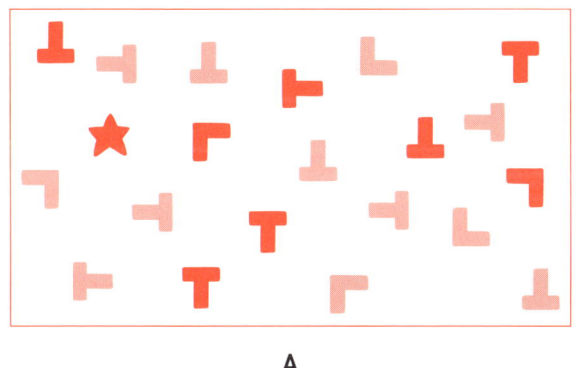

A

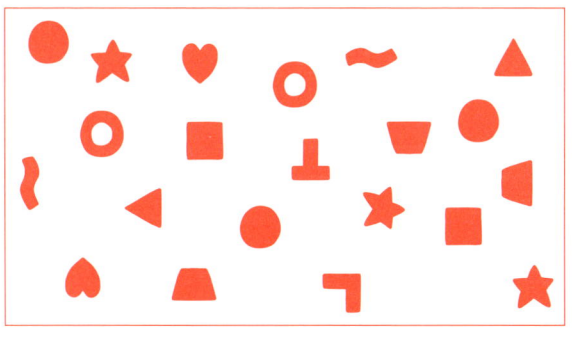

B

앞장의 두 그림을 비교해보세요. A와 B 중 어느 쪽이 '눈이 피로하다'고 느껴지나요? A와 B 둘 다 모양과 방향이 다른 도형이 흩어져 있어 '피로'가 느껴집니다. 더욱 산만하다는 인상을 주는 쪽은 B라고 할 수 있지요.

눈에 가해지는 '자극'을 통제한다

우리가 시각 정보를 처리할 때 '상향식 주의bottom-up attention'와 '하향식 주의top-down attention' 2가지가 상호작용하면서 작동합니다. '상향식 주의'는 자신의 의지와 관계없이 눈에 들어온 자극에 무의식적으로 반응합니다.

반면 '하향식 주의'는 먼저 머릿속에 들어 있는 사전 정보를 바탕으로 편견을 가지고 주목할 대상을 고릅니다.

15쪽의 그림으로 설명해볼게요. 그림 A를 5초 동안 보고 눈을 감습니다.

어떤 도형이 인상에 남나요?

하나만 모양이 다른 ★이 머리에 떠오르지 않으세요?

같은 그룹 안에 종류가 다른 것이 있으면 그 수가 적어도 잠재의식에 남기 쉽습니다. 이것이 '상향식 주의'의 특징입니다. 이러한 자극은 '작업 중 상관없는 물건이 갑자기 시야에 들어오는 순간'에도 발생합니다. 일이나 공부를 할 때 눈에 보이는 경비 정산 영수증, 엑셀 작업 중 시야에 걸리는 비즈니스 잡지…. 아무리 주위에 신경을 쓰지 않으려고 해도 불필요한 정보 하나가 시야에 들어오면 바로 집중력이 떨어지기 시작합니다.

앞에서 말한 프린스턴 대학의 실험에서도 "시각 측면에서 볼 때, 체계화되지 않은 여러 종류의 자극이 눈에 가해질수록 뇌의 집중력은 저하된다"라는 결과가 나왔습니다.

집중력을 높이는 최고의 비결은 목적이 다른 물건을 시야에서 제거하는 것입니다. 집중해야 하는 일과 관계없는 갖가지 물건은 상향식 주의에 작용하는 자극이 되어 집중력을 떨어뜨립니다.

작업 중에 딴 생각을 하는 건 의지가 약해서가 아니라 시각을 자극하는 것이 너무 많아서일지도 모릅니다. 강인한 정신력을 갖추기보다 책상 주변을 얼른 치우고 떠오르는 잡념을 차단하세요.

"공부하는 책상에 만화책을 두지 마라. 책장에 꽂아놓아라" 하고 부모님이 주의를 준 것은 학용품 이외의 물건이 시야에 들어오지 못하게 한 것입니다. 상향식 주의에 대한 자극을 통제했다는 점에서 이치에 맞는 말이었습니다.

앞에서 소개한 '하향식 주의'는 그림 B로 설명해볼까요. 별생각 없이 보면 '뭔가 여러 가지 모양이 있다'는 인상만 받습니다. 그러나 사전에 "■의 개수를 세어보세요"라는 지시를 받으면 ■가 뚜렷하게 보이기 시작하지 않나요? 어질러진 방에서 일이나 공부를 할 때, 뇌 안에서는 하향식 주의와 상향식 주의가 싸우고 있습니다. 집중하지 못하거나 녹초가 되는 건 당연하다고 할 수 있겠죠.

빠르게 척척 정리 ①

집중력을 흐트러뜨리는 '아직 끝내지 못한 일'을 없앤다

작업시간 3분   집중해서 일이나 공부를 하려다 친구에게 문자를 보내거나, 손톱을 깎거나, 펜을 정리하거나 등등의 경험을 한 적 없나요? 업무에 몰입하다가도 '아, 그것도 해야지!' 하고 다른 일이 머리를 스치면 바로 집중력이 떨어집니다. 이렇게 한번 마음이 흐트러지면 아무리 집중하려고 해도 다른 일에 신경이 쓰이게 되지요. 따라서 **다른 일이 머릿속에 떠오르지 않는 환경을 만들어야 합니다.***

---

* **Evidence:** 여기에서는 《쏟아지는 일 완벽하게 해내는 법》(데이비드 앨런 저, 김경섭·김선준 역, 김영사, 2016)이라는 책을 소개합니다.

이 책에서는 방대한 프로젝트도 작게 나누고 적합한 우선순위를 설정해 하나하나 끝내는 방법Getting Things Done, GTD을 설명합니다.

그중에서 방 정리와 관련 있는 몇 가지 키워드를 인용해볼게요.

> "여러 가지 해야 할 일이
> 답답하게 머릿속을 꽉 채우고 있다.
> 이것이 시간과 에너지를
> 가장 많이 소비하는 실체다."
> _케리 글리슨(Kerry Gleeson)

> "머릿속에 있는 아직 끝내지 못한 일이
> 양심을 괴롭히고 에너지를 소모시킨다."
> _브라마 쿠마리스(Brahma Kumaris)

> "목적이 다른 물건이 한 장소에 쌓여 있으면
> 볼 때마다 그 내용물이 무엇인지 생각하게 된다.
> 그러다 무감각해지면 당신의 머리는
> 더 이상 그것을 생각하지 않게 된다."
> _데이비드 앨런(David Allen)

GTD의 기본 규칙은 업무와 비업무를 구분하지 않고 모든 일을 세분화해 하나의 리스트로 정리하고, 매일 리스트를 처리하며 갱신하는 것입니다. 일단 리스트를 작성한 뒤에는 실제로 일을 시작할 때까지는 잊어버려도 OK. 언제나 '진행 중인 한 가지 작업'에만 생각을 집중합니다.

우리들의 일상은 '끝내지 못한 일'과의 전쟁입니다. 쌓인 세탁물, 답장하지 않은 동창회 안내장, 포기한 자격증 교재, 아이 학원 안내문…. '하다가 만 무엇인가'를 떠올릴 때 뇌의 용량은 잠식되어 갑니다.

그러므로 빨리 집중하고 싶다면,
메모지에 해야 할 일을 적습니다.

그리고 책상 위에 있는 물건을
싹 — 정리하세요.

이것으로 끝내지 못한 일이나 물건이 눈앞에서 사라집니다. 적절한 보관 장소와 스마트폰에 리마인드 기능이 있으면 일단 눈앞에서 치워도 됩니다.

정리를 통해 눈앞의 일에만 집중할 수 있는 환경을 만듭니다.

끝내지 못한 일이나 물건을 정리하려 하면 처음에는 약간 저항감이 듭니다. 그러나 메모지와 스마트폰, 컴퓨터 일정관리 툴을 이용해 작업을 하나로 관리하면, 물건 자체는 정리해도 기록으로 남기 때문에 안심이 됩니다.

Method · 03

빠르게 척척 정리 ②

사진을 찍어 '방해되는 물건'이 무엇인지 파악한다

작업시간 15분 생활 속에서 느끼는 작은 스트레스는 좀처럼 깨닫지 못합니다. 예를 들어 현관에 종이 상자가 놓여 있다면, 그 상자가 '성가시다'고 느껴지지 않더라도 '어이쿠' 하며 쓸데없이 피해 다녀야 합니다. 자신도 모르게 스트레스가 되는 '거슬리는 물건'은 그때마다 치우고 싶어집니다. 그럴 때 먼저 해야 하는 일은 '사진을 찍는 것'입니다.

정리를 잘하는 친구나 정리 수납 어드바이저를 집으로 부르는 방법도 좋지만, 더 간단하게 사진으로 자신의 방을 객관화할 수 있습니다. 방법은 간단합니다. 책상 위나 방의 사진을 찍기만 하면 됩니다.

책상 위나 방 전체의 모습을 찍는 것이 아니라 아이템 하나 하나가 확실하게 찍힐 정도의 거리에서 촬영하는 것이 포인트입니다.

　책상 위만 찍으면 몰라도 집 전체를 찍으려면 30분에서 1시간 정도 걸립니다. 그러니까 먼저 재택근무를 한다고 가정하고 1일 생활 동선을 중심으로 사진을 찍어야겠지요.
　예를 들면,
- **책상 주변**
- **화장실**
- **주방**
- **침대 주변**

　방과 주방이 이어지는 복도도 매일 지나다니는 장소입니다. 그곳의 사진도 찍습니다.

사진을 찍을 때 지저분한 상태가 신경 쓰여도 그대로 촬영하세요. 사진 촬영이 끝나면 컴퓨터나 스마트폰에 '집' 폴더를 만들어 관리합니다. 무엇을 어디에 두었는지 한눈에 볼 수 있어 편리합니다.

공간 박스 안

욕실 선반

Method · 04

빠르게 척척 정리 ③

꺼내놓은 물건이 그대로 있으면 집중력이 떨어진다

작업시간 3분 사진을 찍었다면 다음 체크 리스트에 표시해보세요. 몇 개나 해당되나요?

- ☐ 제자리가 아닌, 꺼내놓은 물건이 있다.
- ☐ 자주 사용하는 물건보다 거의 사용하지 않는 물건이 앞에 놓여 있다.
- ☐ 이번 달에 한 번도 사용하지 않은 물건이 있다.
- ☐ 그 장소에서 사용하지 않는 물건이 있다.
- ☐ 행동을 방해하는 물건이 있다.(치우지 않으면 움직이지 못한다, 다른 물건을 집을 수 없다 등.)

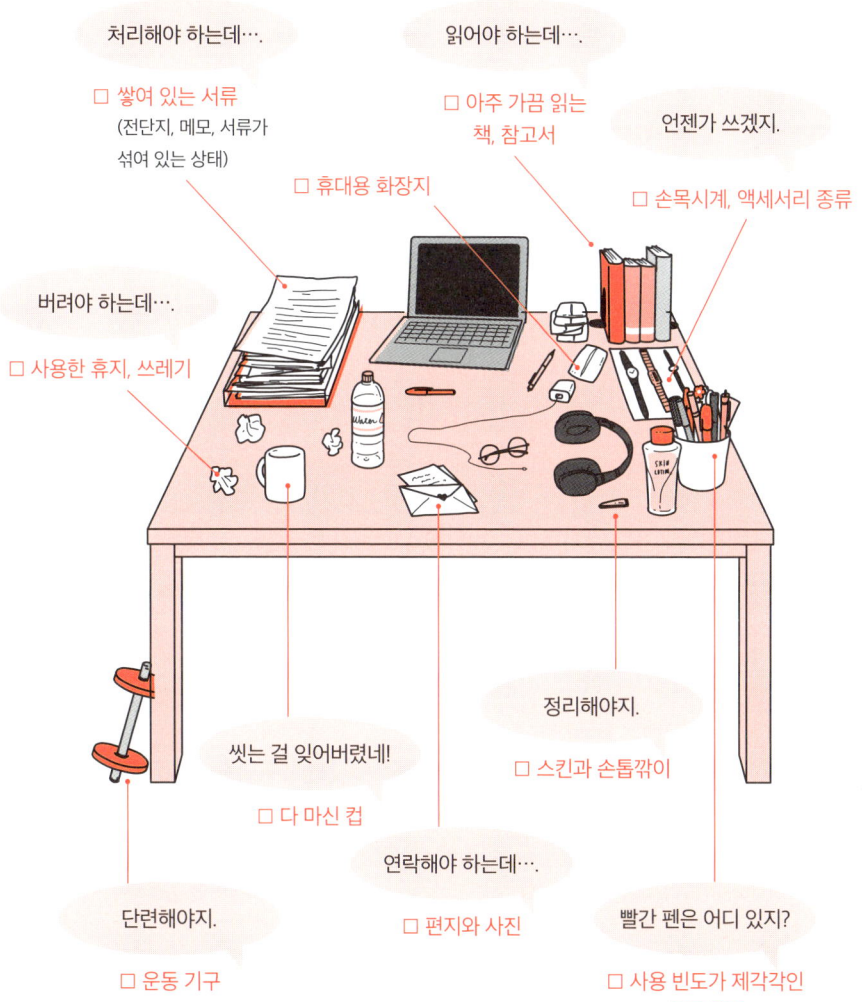

☐ 매일 사용하는 물건을 꺼내는 데 2가지 이상의 행동이 필요하다.
(문을 연다, 케이스를 꺼낸다 등을 각각 하나의 행동으로 계산한다.)

3가지 이상 해당되면 주의! 여러분의 책상이나 방 안이 이처럼 '보기만 해도 정신없는' 모습은 아닌가요?

끝내지 못한 일은 집중력 저하의 큰 원인

잡다한 물건이 눈에 들어오는 상태에서는 집중력은 물론 작업 효율이 현저하게 떨어집니다.*

한창 집중해서 일하고 있을 때 상사가 다른 일을 시켜 집중력이 끊긴 경험이 있지 않나요? 업무의 우선순위를 정해 효율적으로 진행하는 절차에 능숙한 사람도 있지만, 집중해서 작업을 하고 있을 때 다른 일이 끼어들지 않으면 우선순위를 고민할 필요가 없습니다.

---

* **Evidence:** 마이크로소프트 리서치의 연구에서도 멀티태스킹으로 집중력이 40% 감소하는 것을 알 수 있습니다.(「A Diary Study of Task Switching and Interruptions」 Mary Czerwinski 외. 2004년.)

27쪽 그림을 봐주세요. 물건이 어질러진 책상 위는 끝내지 못한 일의 온상입니다. 재택근무를 하면 사무실에서 일할 때보다 개인적인 일(집안일, 취미, 인간관계)들이 머릿속을 맴돕니다. 업무에 사용하지 않는 물건은 시야에 들어오지 않게 하세요.

하루 중 긴 시간을 보내는 장소가 정리되어 있지 않으면 효율이 나쁜 상태에서 작업을 하게 됩니다. 당연히 생산성이 점점 떨어지죠. 공부하는 책상이나 거실 테이블 등 긴 시간 머무는 장소에 체크한 항목이 많은 사람은 빨리 정리를 시작하세요.

재택근무는 ON과 OFF의 전환이 어렵다고 고민하는 사람이 많습니다. 혹시 OFF 시간에도 꺼내놓은 업무 도구를 그대로 두지 않았나요. 특히 식사와 일을 같은 테이블에서 하는 분은 주의! 식사 중에 업무용 서류나 PC가 시야에 들어오지 않나요? 작업이 끝나면 정리해서 스위치를 OFF 신호로 해놓으세요.

Method · 05

간단한 책상 정리 ①

책상 위에는
아무것도 없어야 한다

작업시간 10분　이상적인 책상은 어떤 모습일까요? 오른쪽의 사진 A는 나쁜 예입니다. 오늘 사용한 물건과 사용하지 않는 물건, 쓰레기가 섞인 카오스 상태입니다. 필요한 물건을 찾을 때 시간이 걸리는 효율이 나쁜 상태입니다.

　특히 '여러 카테고리의 물건이 같은 공간에 있다'는 점이 생산성을 뚝 떨어뜨립니다. 여러 물건 중에서 매번 필요한 물건을 찾기 위해 눈과 신경을 사용합니다. 이래서는 하루에 몇 번이나 《월리를 찾아서》를 하고 있는 것과 같습니다.

　사진 B도 나쁜 예입니다. A와 비교하면 쓰레기도 없고 업무와

A

B

031
책상에 물건을 두지 마라!

관련된 카테고리로 좁혀져 '좋은 상태'처럼 보입니다. 그러나 원래 책상 위는 물건을 두는 장소가 아니라 작업하는 공간입니다.

책상이 아주 넓다면 몰라도 물건을 두면 둘수록 책상은 좁아집니다. 이 경우 책이나 문구용품도 불필요합니다. 책상 위를 0으로 만들어보세요.

아래 사진이 문자 그대로 물건이 제로인 상태입니다. 집중할 수 있는 이상적인 환경은 책상 위에 물건이 제로일 때입니다.
'제자리가 책상 위'인 물건은 최대한 줄입니다.

데이터와 달리 물건에는 사용 기록이 정확하게 남지 않습니다. 그래서 쓸데없는 물건의 존재를 놓칠 가능성이 있습니다.

'사용했다, 사용하지 않는다'를 쉽게 판단하려면 정리를 시작하기 전에 사진을 찍습니다. 그리고 사진을 보면서 '이 쓰레기는 버리자', '이건 쓰지 않으니까 처분하자' 등을 판단합니다.

작업용 책상이 아닌 테이블에서 일하는 경우에도 이 규칙을 철저하게 지켜주세요. 일할 때 테이블에 작은 소금 통이나 간장병이 놓여 있을 필요는 없어요. 펼쳐놓은 서류에 둘러싸여 식사하는 것도 건강에 좋지 않습니다. 작업 전에 테이블을 '제로' 상태로 만들어놓고 집중력 스위치를 ON 합니다.

Method · 06

간단한 책상 정리 ②

책상 주변의 주간 재고 회전율을 '1 이상'으로 한다

작업시간 5분 다음으로 책상 주변 정리를 시작합니다. '책상 주변'이란 책상을 중심으로 반경 1m(큰 보폭으로 한 걸음 정도) 범위를 말합니다. 이곳 사진에 찍힌 물건 중 '이번 주에 한 번도 사용하지 않은' 물건은 몇 개나 되나요?

너무 많아서 셀 수 없다면, 그 상태는 **비효율적**입니다! 유통업에서 사용하는 '재고 회전율'은 '일정 기간 동안 재고 상품이 몇 번 회전하는지'를 나타내는 지표입니다. 이것을 정리에 응용해볼게요.

==책상 주변에 놓인 물건의 일주일당 사용 빈도, 즉 재고 회전율을 '1 이상'으로 합니다.==

'모든 물건의 재고 회전율을 측정해야 하다니 귀찮은데…'라는 생각이 드는 사람도 안심하세요. 일주일에 한 번 이상 사용하는 물건만 책상 주변에 둡니다. 이 규칙만 지키면 됩니다.

위 사진처럼 책상 위에는 아무것도 놓지 말고, 일주일에 한 번 이상 사용하는 물건만 책상 주변에 두세요.(사진의 주황색 부분.)

앞에서 책상 위에는 아무것도 두지 않는다고 했는데, 이것을 실천하려면 책상 옆에 공간 박스가 꼭 필요합니다.(사무실이라면 책상 아래 서랍을 활용해주세요.) 일주일에 한 번 이상 사용하는 컴퓨터 주변 기기, 서류, 문구용품 등 작업 도구는 책상 위가 아닌 공간 박스(또는 서랍)에 사용 빈도별로 자리를 정합니다. 이렇게 하면 작업 시작과 동시에 필요한 물건을 책상에 꺼내고, 작업이 끝나면 제자리에 빠르게 돌려놓을 수 있습니다.

장애물이 적은 만큼 빨리 달릴 수 있다

　재고 회전율을 높였을 때의 다른 효과에 대해서도 알아보겠습니다. '사용하지 않는 물건이 사용하는 물건 앞에 있는 상태'는 50m 달리기에서 중간에 허들이 서 있는 것과 같습니다. 허들이 2개, 3개 늘어나면 골인 지점에 도달하는 시간이 길어질 뿐만 아니라 달리는 것조차 귀찮아지기도 합니다.

　많은 물건 중 하나의 물건을 고르려면 눈과 신경을 사용합니다. 책상 주변에 사용하지 않는 물건이나 쓰레기가 널브러져 있으

물건은 작업에 '방해'된다.

면 작업 속도가 떨어질 수밖에 없습니다.

　그렇다고 책상 주변에 물건이 전혀 없는 상태도 역으로 쓸데없는 이동이 증가해 비효율적입니다. 작업하다 코를 풀었는데 근처에 쓰레기통이 없으면 자리에서 일어나 쓰레기통까지 가는 동안 작업이 중단됩니다. 이 경우 사용 빈도가 높은 쓰레기통을 책상 가까이에 배치하면 좋습니다.

　남성의 팔 길이는 73cm, 여성은 67cm가 평균이라고 합니다. 필요한 물건을 1m 이내에 배치하면 손을 뻗거나 가볍게 몸을 돌리면 사용할 수 있기 때문에 작업이 중단되지 않지요.

　자주 사용하는 물건은 반경 1m 이내에 둡니다.
　이것만 잘 연구해도 책상에서 작업할 때 놀라울 정도로 편안해집니다.

계절마다 옷을 정리하는 것처럼 공간 박스 등 책상 주변도 정기적으로 정리합니다. 끝난 프로젝트의 서류나 최근 사용하지 않는 소품, 소형 전자기기 등을 책상 주변에 방치해두지 않았나요? 월 1회 월말에 그 달에 한 번도 사용하지 않은 물건이 있는지 점검해보세요.

Method · 07
간단한 책상 정리 ③

일부러 물건을 두어도 좋다

작업시간 4분 정리가 서툰 사람 중에는 **"조금 어질러진 정도가 편안하고 좋다"**라는 사람도 있습니다. 앞에서 한 이야기와 조금 모순되는 것 같지만, "너무 깨끗하면 안정되지 않는다"라는 것도 과학적으로 맞다고 합니다.*

---

* **Evidence:** <거주 공간의 어질러진 정도와 스트레스의 관계에 대한 연구>[도쿄 대학 대학원 신영역창성과학연구과 치시마 다이키(千島大樹), 니헤이 미사토(二瓶美里), 가마타 미노루(鎌田實). 2018년]에 따르면 적당히 어질러졌을 때 스트레스가 감소한다고 합니다. 이 실험에서는 약 3평 크기의 '어질러진 방'과 '정리된 방'에 각각 들어간 젊은 피실험자의 타액 아밀라아제 증가율을 조사해서 스트레스 정도를 측정했습니다.

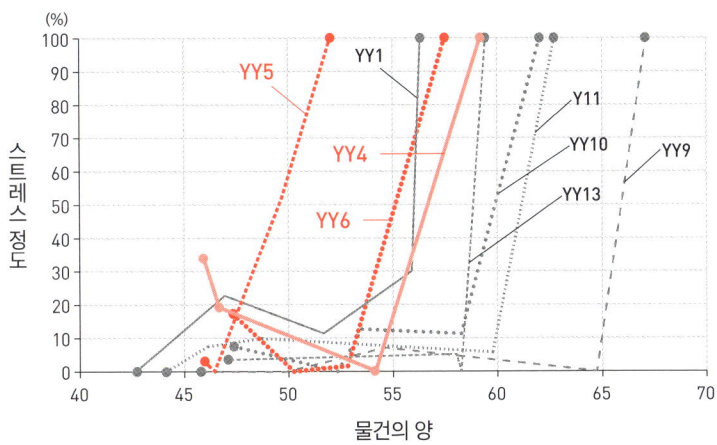

〈거주 공간의 어질러진 정도와 스트레스의 관계〉에 대한 연구

방이 어질러진 정도는 5단계로 준비했고 각 방에서 머무는 시간은 35분입니다. 위쪽이 결과를 나타내는 그래프입니다. 가로축이 '물건의 양(오른쪽으로 갈수록 어질러져 있다)', 세로축이 '스트레스 정도(위로 갈수록 짜증이 난다)'입니다.

전반적인 경향은 '어질러질수록 스트레스가 높아진다'이지만, 스트레스가 높아지는 물건의 양에는 개인 차가 있다는 걸 알 수 있습니다. 물건의 양이 조금만 증가해도 바로 스트레스를 느끼는 민

감한 사람도 있고, 방에 물건이 넘쳐날 때까지 스트레스를 느끼지 않는 둔감한 사람도 있습니다. 또 일부(3명=그래프의 주황색 선)는 물건이 너무 적은 방에서 오히려 스트레스 정도가 올라갔습니다.

비즈니스호텔을 이용할 때 '깔끔해서 기분이 좋다'와 '답답하고 안정되지 않는다' 중 어떤 느낌을 받으시나요? 자란 가정환경이나 성격에 따라 다르겠지만, '물건을 최소한으로 줄인 미니멀한 상태'보다 '물건을 조금 꺼내놓은 상태'가 편안하다고 느끼는 사람도 있습니다.

제로(0)인 상태에서 식물이나 봉제 인형을 더한다

그러나 '적당히 정리하고 적당히 어질러져 있는' 상태를 유지하기는 상당히 힘듭니다. 적당히 어지르려고 해도 꺼내놓은 물건이 '끝내지 못한 과제'임을 상기시키거나 불안을 부추기면 결과적으로 집중력을 흐트러뜨리지요.

너무 깨끗하면 안정되지 않는 타입은,

① '작업과 관계없는 물건'을 모두 시야에서 치운다.
② 인테리어 소품을 더한다.

라는 2단계로 진행해보세요. 먼저 이 책의 단계에 따라 작업하는 책상 위를 제로 상태로 만듭니다. 그리고 정리가 끝나면 식물이나 봉제 인형 등 인테리어 소품을 더해주세요.

창조적인 작업을 할 때는 작업과 관련된 아이템을 책상 위에 두면 상상력이 자극됩니다. 저도 글을 쓸 때는 주제와 관련된 책이나 사진을 일부러 책상 위에 쌓아두거나 마스킹 테이프나 형광펜을 줄줄이 늘어놓아 의욕을 올립니다.

이상적인 작업 책상 상태

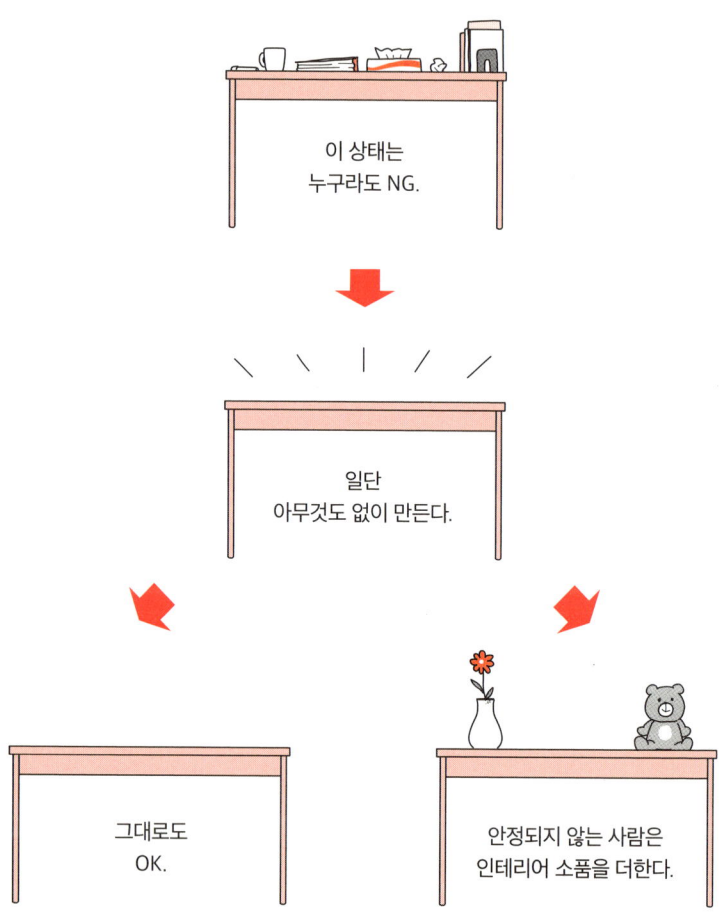

Method · 08

정리의 기본 ①

'정리'와 '수납'은 단시간에 여러 번 한다

'정리하자!'라고 생각하고 휴일을 이용해 정리를 시작해도 하루에 모두 끝내기는 무척 힘듭니다. 정리는 근력 운동과 같습니다. 한 번에 장시간 하기보다는 짧은 시간 안에 조금씩 반복하며 정리한 상태를 유지합니다.

먼저 정리를 크게 3가지 작업으로 분류하세요.
- **정리**(각각의 물건을 소유하는 이유를 정의한다.)
- **수납**(물건을 쓰기 편한 상태로 배치한다.)
- **정돈**(사용한 물건을 제자리에 돌려놓는다.)

이어서 각각의 작업에 대해 '시간 규칙'을 설정합니다.

① '정리+수납'에는 1세트 30분(휴일 등 시간에 여유가 있을 때 한다.)
② '정돈'은 매일 5분만

이 규칙을 지키면 됩니다. 집 전체를 정리하려면 평균 20~30시간이 걸립니다. 그러니 하루에 정리한다는 것은 지극히 어려운 일이죠.

그러므로 '정리+수납'을 30분 1세트로 무리 없이 가능한 횟수만 반복합니다.
근력 운동처럼 1세트를 소화하고, 여유가 있는 날은 2세트, 3세트로 늘려 나가세요. 그렇게 반복하다 '물건의 제자리가 꼭 맞구나'라고 느껴지면 '정리+수납'은 해결입니다.
정리가 서툰 사람일수록 '정리+수납' 단계를 건너뛰고 꺼낸 물건을 일단 깊숙이 집어넣는 '정돈' 작업부터 손을 대기 쉽습니다. 물건의 제자리가 정해지지 않은 상태에서는 정돈을 반복해도 물건을 꺼낼 때마다 원래대로 되돌릴 수 없거나 곧 지저분한 상태로 되돌아가 버립니다.

| 정리와 근력 운동의 닮은 점 |

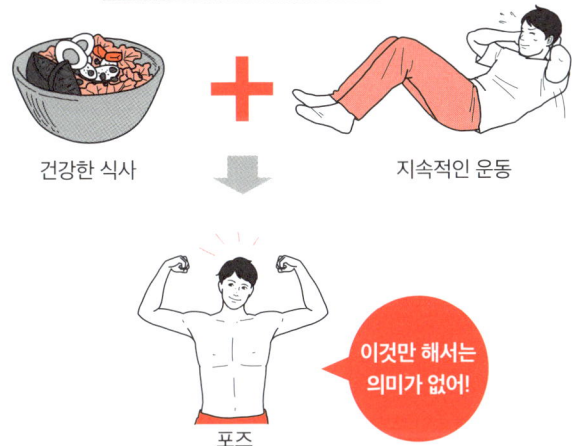

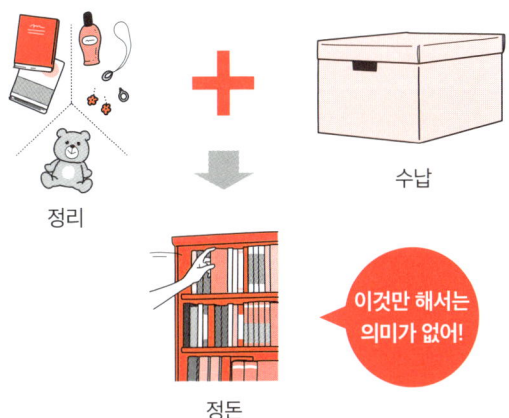

이래서는 시간만 낭비합니다. 조금 힘들더라도 우선 휴일 등을 활용해서 '정리+수납'을 천천히 진행하며 초조해하지 말고 조금씩 지속해주세요!

'정리+수납'을 끝내면 '정돈'은 1일 5분 이내에 무리 없이 완벽하게 끝낼 수 있습니다. '정리+수납'의 구체적인 방법은 49쪽에서, '정돈'에 대해서는 다음 페이지에서 자세하게 설명하겠습니다.

방이 너저분한 원인의 90%가 정리를 못해서입니다. 수납과 정돈은 기술이 없어도 누구나 할 수 있습니다. 다만 정리→수납→정돈 순으로 하지 않으면 원래의 지저분한 상태로 돌아가는 원인이 되므로 주의하세요!

Method · 09
정리의 기본 ②

정돈은 매일 5분 이내로!

작업시간 **5분**   '책상을 정리하면 너저분한 책장이나 문구용 서랍도 신경 쓰이고, 어느 샌가 몇 시간이나 정리를 하고 있다…'라는 경험을 한 적이 있을지도 모르겠습니다. 이렇게 '몇 시간에 걸쳐서 한 번에 정리하는' 방법을 선택하면 정리에 대한 심리적인 장벽이 높아져 정기적인 습관으로 몸에 익지 않습니다.

일이 바쁜 사람은 '평일은 5분 이상 정리하지 않는다'라고 규칙을 정합니다. 그리고 '정리+수납'은 하지 않고 어디까지나 '정돈'만 합니다. 사용한 물건을 원래 위치에 돌려놓는 일에만 전념합니다. 그만큼 휴일에는 '정리+수납'을 1세트 30분으로 여러 번

합니다. 아무리 바쁜 사람이라도 세탁기를 돌리거나 배달 주문을 기다리는 동안 '30분'은 확보할 수 있습니다.

여기서 의욕이 넘쳐 장시간 계속하는 것은 금물입니다.*

하루 근력 운동을 해도 심한 근육통이 오는데, 효과는 그만큼 나타나지 않습니다. 뇌가 피로해져 다음 날 일에 지장을 주지 않게 하기 위해서라도 휴일에 1세트 30분, 1일 최대 4세트를 상한선으로 정하고, 평일에는 1일 5분 이내의 정돈으로 무리하지 말고 계속하세요.

'정리+수납'은 처음에는 시간이 걸려도 점점 효율적으로 할 수 있게 됩니다. 스톱워치나 알람을 30분으로 설정해놓고 정리에 들어가세요.

---

* Evidence: 사람이 하루에 판단할 수 있는 횟수는 상한이 정해져 있다고 합니다. 스티브 잡스나 오바마 전 미국 대통령이 본질적인 의사 결정에 집중하기 위해 입는 옷의 종류를 제한했다는 것은 유명한 이야기입니다. 정리, 수납, 정돈 중 특히 '정리'는 사고력과 결단력이 필요한 작업입니다. 제가 정리 컨설팅을 한 고객들도 집중해서 2시간을 정리하면 녹초가 되었습니다.

정리의 기본 ③

'꺼낸다 → 분류한다 → 결정한다 → 되돌려 놓는다'를 반복한다

작업시간 1세트 30분 '들어가며'에서도 이야기했지만, '정리+수납'을 시작하기 전에 한 가지 주의할 점이 있습니다.

정리에서 극적인 비포 before, 애프터 after를 기대하지 마세요.

TV 프로그램에서 정리한 모습을 보면 단번에 방이 깨끗해졌다는 착각을 합니다. 그러나 보통 사람은 그렇게 하기 어렵습니다. 정리의 기본은 하나씩, 정성껏, 차분하게 반복하는 것입니다. 정리의 기본을 깨닫게 될 때쯤에는 일이나 공부에 집중할 수 있는 방이 완성됩니다. 하루 만에 극적인 변화를 기대하지는 마세요.

어떤 장소의 아이템을 정리하더라도 다음의 흐름만 기억해주세요.

① 전부 꺼낸다.
② 사용 빈도별로 분류한다.
③ 제자리를 정한다.
④ 사용한 후 되돌려놓는다.

실망했을지도 모르겠지만, 기본은 이것뿐입니다. 그러나 이 흐름만 의식하면 어떤 방이든 무조건 정리할 수 있습니다. 역으로 예를 들면 ①의 '전부 꺼낸다'는 작업을 생략하고 겉만 보기 좋게 방을 정리하면 며칠 사이에 금방 원래 상태로 되돌아갑니다.

기본 흐름의 감각을 익히고 싶다면 지갑으로 연습해보세요.(정리 수납 어드바이저 1급 교재 제1장에도 지갑 정리가 나와 있습니다.)

지갑을 정리하는 흐름
① 지갑 속 물건을 책상에 전부 꺼낸다.
② 신용카드나 포인트 카드 등을 사용 빈도별로 분류한다.
③ 어디에 배치하면 가장 좋을지를 생각하며 제자리를 정한다.
  (자주 사용하는 물건일수록 지갑에서 꺼내기 쉬운 장소, 그다지 사용하

지 않는 것은 지갑 이외의 장소에 보관.)

④ 쇼핑 등으로 카드를 사용한 뒤에는 **지갑의 제자리에 되돌려놓는다.**

휴일에 아래 그림과 같은 하나의 흐름을 따라 작업하는 책상을 정리해보세요.

그다음 주 휴일은 화장실, 다다음주 휴일은 주방. 이런 식으로 자주 쓰는 장소부터 차례로 한 곳씩 스탬프 투어처럼 정리의 흐름을 따라가면 됩니다.

정리의 기본 흐름 · 1세트 30분

① 전부 꺼낸다.
② 빈도별로 분류한다.
③ 제자리를 정한다.
④ 사용한 후에는 되돌려놓는다.

반복해서 이야기하지만 짧은 시간에 집중해서 겉모습 위주로 정리하면 며칠 만에 원래대로 돌아갑니다. 언뜻 보기에는 무난한 방법이라도 1세트에 30분씩 매주 여러 번 해주세요. 2개월 정도 지나면 평소에 큰 노력을 들이지 않고도 물건이 정리된 방을 만나게 됩니다.

One More Advice

"꺼낸다, 분류한다, 되돌려놓는다"라고 주문을 걸 듯이 혼잣말을 하면서 정리하면 저절로 익숙해집니다. 조금 민망하지만 해볼 가치가 있답니다.

Method · 11

정리 3단계

데이터를 정리하듯
방을 정리한다

PART 1의 마지막 부분인 이번 페이지에서 이 책의 목표를 다시 확인해보세요. 이것저것 이상이 높으면 아무리 시간이 지나도 정리는 끝나지 않습니다. 이 책에서는 목표를 '재택근무의 집중력을 높인다'라는 한 가지로 좁혔습니다. 일이나 공부 등 자신이 집중하고 싶은 작업을 하나 떠올리며 그 효율화를 지원하는 방을 설계해 나가겠습니다.

집중력을 높이는 방을 만드는 '요령'이 있습니다. 데이터를 정리하듯이 방을 정리하면 됩니다.*

여러분의 회사도 PC상의 데이터나 캐비닛의 서류를 정리하는 사내 규정이 있거나 담당자를 고용해서 관리하고 있나요? 누가 봐도 어디에 무엇이 있는지 알 수 있고 모두 바쁘게 일하고 있는데, 사무실은 언제나 정리되어 있는 상태. 그런 상태를 '생산성이 높은 직장'이라고 부릅니다. 개인의 방도 기본은 같습니다. 이 책에서는 마치 컴퓨터의 데이터를 정리하는 것처럼 방을 정리해가겠습니다.

키워드는 다음 3가지입니다.
① 아카이브(임시 저장), ② 심플(뺄셈), ③ 셰어(공유)입니다.
하나씩 살펴볼게요.

STEP 1 '아카이브'하면 정리는 편하다

'아카이브'란 주로 서류나 전자 데이터 정리에 사용하는 단어

---

* Evidence: 도요타식 5S, 즉 정리, 정돈, 청소, 청결, 습관화(일본어 발음Seiri, Seiton, Seiso, Seiketsu, Sitsuke의 영문 첫 글자를 따서 S가 5개이므로 5S라고 부른다. — 옮긴이 주)로 대표되는 것처럼 직장이 얼마나 정리 정돈되어 있는지에 따라서 그 조직의 생산성이 달라집니다.

입니다. '바로 사용할 계획은 없지만 지우고 싶지 않은 데이터를 전용 장소로 옮겨 보관하는 것'을 의미합니다.

예를 들면 지메일Gmail의 받은 편지함을 정리하고 싶을 때, 메일 자체를 삭제하지 않고 중요도·긴급도가 낮은 메일을 스와이프 기능을 사용해 아카이브(임시 저장)합니다. 평소 사용하는 폴더에서는 '보이지 않지만' 막상 필요할 때 '모든 메일'을 열면 다시 볼 수 있습니다. 방도 이와 같은 요령으로 정리하면 됩니다.

방을 정리할 때, 많은 사람이 '분류'와 '버리기'를 동시에 하려고 합니다. 더욱이 2가지를 한꺼번에 끝내려다 보니 정리가 스트레스가 되어 포기하는 것입니다.

데이터처럼 '먼저 물건을 사용 빈도 순서로 아카이브한다', '기회를 다시 만들고 버린다' 이렇게 2단계로 나눠서 하면 스트레스 없이 빠르게 정리를 진행할 수 있습니다. 임시 저장해두면 나중에 '역시 그 티셔츠는 버리고 싶지 않아!'라고 생각하더라도 옷장으로 되돌려놓을 수 있습니다. 그 자리에서 '버릴지 말지' 고민하지 않아도 되니 정신적으로도 상당히 편하지 않을까요? 구체적인 방법은 PART 2에서 설명하겠습니다.

STEP 2 '심플'한 방 만들기는 '뺄셈' 사고로

다음은 '심플', 이것을 실현하는 것이 '뺄셈'입니다. 방 정리는 방해되는 물건을 시야에서 제거해나가는 '뺄셈' 사고를 하면 놀랄 만큼 빨리 해결됩니다. 방 안의 물건을 줄이면 아무 생각하지 않아도 깨끗하게 유지되는 방을 가질 수 있습니다.

인테리어는 방을 정리한 다음에 신경 쓸 일입니다. 방이 정리되지도 않았는데 수납용품을 사는 것도 NG. 기본은 'Simple is Best'입니다. 평소 바쁜 사람일수록 '아무 고민 없이 물건을 꺼내고 넣을 수 있는' 심플한 방을 목표로 세우는 게 좋습니다. 자세한 내용은 PART 3에서 설명하겠습니다.

STEP 3 버리지 못하면 '셰어'하면 된다

마지막은 '셰어'입니다. 한정된 공간을 효율적으로 사용하는 가장 좋은 방법은 물건의 '가동률을 높이는 것'입니다.

하지만 집에서 사는 기간이 늘어나다 보면 자연스레 짐이 늘어나 공간이 좁아집니다. 우리가 사는 방은 너무 좁아 물건이 다

들어가지 않는 것도 당연합니다. 대부분이 이번 달에 쓸 물건만 두어도 방의 용량이 반 이상 차고 말겠지요.

최근 일본에서는 계절 용품이나 가끔 필요한 전자 제품은 간이 창고에 유료로 보관하는 경우도 많습니다. 또한 물건으로 남길 필요가 없는 책과 자료는 데이터화하고, 회사나 지역에서 활용 가능하면 기부하거나 필요한 친구나 동료에게 줍니다. 명품은 팝니다. '버린다, 방에 남긴다'라는 2가지 선택지 말고 물건에 다양한 길을 마련하는 겁니다. 그리고 이달에는 쓰지 않았지만 버릴 수 없는 물건은 공유하세요. PART 4에서 자세히 설명하겠습니다.

서두에서 말씀드린 대로 정리는 정신력이 아닙니다. '정리하지 못하는 성격'은 존재하지 않습니다. 매뉴얼대로 차분하게 진행하면 누구나 똑같이 짧은 시간에 효과를 얻을 수 있습니다. 다음 장부터는 이 세 단계를 실천하는 포인트를 구체적으로 설명하겠습니다.

인테리어 잡지보다 '사무실'이 더 정리에 도움이 된답니다. 직장이나 거래처에 잘 정리된 사무실이 있다면 꼭 천천히 관찰해보세요. 깨끗한 회사는 '아카이브, 뺄셈, 셰어' 이 3가지가 완벽할 거예요. 사무실 이외에도 물류 센터나 소매점 등 모든 직장이 정리의 본보기가 됩니다.

Daily Life

단순한 일상,
몸과 마음을 더욱 편안하고 건강하게 하다

만약 내가 이 세상을 떠난다면, 가족들은 남겨진 수많은 물건 중 어떤 것을 소중하게 간직하며 날 생각할까? 함께 살던 할머니의 장례를 마치고 돌아와 유품들을 정리하며 자연스럽게 나의 물건들도 비우기 시작했다.

물건을 비우고 간소한 삶에 적응할 즈음 결혼을 했다. 군더더기 없는 결혼식을 치렀고, 가벼운 살림을 꾸렸다. 거실에는 거실 장도, 인테리어용 러그도 없다. 청소하기 번거롭거나 세탁이 필요한 것들은 두지 않았다. 주방 조리도구는 이음새 없이 스테인리스로만 이뤄진 것들로 마련해 물때 걱정을 덜었다. 애초에 그릇 세트는 사지 않고 마음에 드는 접시를 낱개로 구매했다. 욕실에는 다용도 비누 하나를 두고 몸을 씻는다. 침실에는 침대만 두어 오롯이 취침만을 위한 공간으로 쓰고 있다.

가진 물건이 적다 보니 자연스럽게 물건들을 관리하기 위한 에너지를 아낄 수 있었다. 무엇보다 한 명만 신경 쓰고 희생하는 집안일에서 벗어날 수 있었다. 간단하게 살림하는 법을 남편과 공유하며 집안일의 세계로 초대하니 아직까지는 집안일로 부부싸움을 한 적이 손에 꼽을 정도다.

살림에서 힘을 빼는 것은 일상에서 낭비되는 에너지를 아낄 수 있는 가장 좋은 방법이다. 남녀노소 상관없이 누구나 손쉽게 실천할 수 있는 몇 가지 간단한 살림 팁을 공유해본다.

입지 않는 옷 여러 벌보다는 마음에 드는 잠옷 한 벌

잘 때 입겠다는 명분으로 목이 늘어난 티셔츠와 얼룩이 묻은 바지가 옷장을 차지하게 해서는 안 된다. 제대로 된 잠옷 하나 준비하면 버릴 수 있는 옷들이 드러난다. 또 모든 일과를 마친 뒤 이불 속으로 향하기 전 잠옷을 갈아입고 누우면 오늘 하루도 잘 지냈구나 하는 만족감이 들 것이다. 쾌적한 이불 컨디션도 오래 유지할 수 있어 이불 세탁 주기가 여유로워지는 건 덤이다.

속옷과 양말은 한 가지 디자인으로 통일

매일 입는 양말과 속옷을 반듯하게 개는 과정이 귀찮아 꾀를 부렸더니 훨씬 편해졌다. 양말은 똑같은 걸로 여러 켤레 사서 세탁 후 한 바구니에 담는다. 하나를 잃어버리거나 구멍이 나도 나머지 것들 중 하나를 신으면 해결.

속옷은 같은 디자인으로 밝은 색과 어두운 색을 구비한다. 겉옷 색상에 맞춰 골라 입으면 끝이니 간편한 건 물론이고, 작고 얇은 원단을 개키지 않아도 되니 살림이 수월해진다.

물컵 덮개 사용하기 & 다 마신 뒤 바로 헹구기

식구는 둘뿐인데 싱크대에 나와 있는 많은 컵에 충격을 받아 새로운 습관 하나를 만들었다. 바로 물컵 덮개 사용하기, 음료를 마신 뒤 바로 헹구기. 물 한 컵을 가득 따른 뒤 다 마시지 않아도 입구를 덮어 먼지를 차단

하니 아까운 물을 버리고 새 물을 뜨지 않아도 된다. 또 차나 음료를 마신 뒤 곧장 물로 헹구면 세제를 사용하지 않아도 괜찮다. 무엇보다 싱크대에

컵이 쌓이지 않으니 식사 후 한결 가벼운 마음으로 설거지를 할 수 있다.

늘 비워져 있는 나의 식탁이자 책상

누군가 나에게 집 안에서 가장 집중이 잘되는 곳을 묻는다면 망설임 없이 주방 식탁이라 대답할 것이다. 나의 식탁 위는 늘 비워져 있기 때문에 책상으로 쓰기에 적합하다. 식사를 마침과 동시에 식탁은 책상으로 변한다. 근처에는 노트북과 충전기, 필기 도구를 담은 나만의 출근 가방이 있다. 업무를 시작하며 가방을 꺼내면 책상이 되고, 가방 안에 모든 짐을 넣으면 다시 식탁으로 변한다. 매일 머무는 공간을 가볍게 유지하고, 반복하는 행동들을 단순하게 만들어보자. 집중할 수 있는 에너지가 쌓일 것이다.

내게 '미니멀 라이프'는 단순한 일상을 반복함으로써 보다 나은 삶을 꾸려나갈 에너지를 챙기는 라이프스타일이다. 무엇보다 중요한 것은 매일 아침 소소하게 반복되는 일상을 컨디션과 상관없이 유지하는 것. 사소하고 일상적인 행동들이 습관이 되면 집중이 필요한 순간에 잘해낼 수 있다는 자신감으로 돌아온다.

✚ 지선

봄결이라는 닉네임으로 블로그(blog.naver.com/bom-gyeol)를 운영하고 있다. 몸과 마음의 건강을 추구하며 단순한 일상을 기록하고 있다.

임시 저장한 물건은 종류별로 정리해야 한다고 생각하지 않나요?
시간 순서로 나누면 쉽게 어질러지지 않고, 다시 지저분해지는 것도 막을 수 있어요.
이 장에서는 '일일, 주간, 월간, 연간' 4개의 폴더로 정리하는 방법을 알려드릴게요.

PART
2

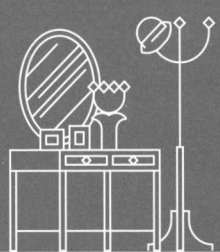

자주 사용하는 물건은 가까이 둔다

사용 빈도에 따라 나눈 정리+수납법

Method · 12
물건의 분류

'정리'는 버리기가 아니라 분류하기

`작업시간 10분` 물건을 정리하는 문턱을 낮추는 비결은 먼저 아카이브(임시 저장)하는 것입니다. 바꿔 말하면 데이터를 정리하듯 물건을 정리하는 것이지요.

많은 사람이 물건을 정리할 때 쓰레기봉투를 손에 들고 단번에 '남긴다', '버린다'를 판단하려고 합니다. 일단 버리면 손에서 물건이 사라지기 때문에 세심한 주의를 기울여 버려야 하는데, 이 의사 결정은 상당한 스트레스입니다.

반면에 데이터는 대부분 순간적으로 남긴다, 버린다를 판단할 필요가 없습니다. 바로 사용하지 않는 데이터도 버리지 않고 아카이브에 남겨둡니다. 데이터 용량이 허용하는 범위 내에서 폴더에 보관할 수 있으니 필요할 때 폴더에서 꺼내면 됩니다.

즉, 데이터를 보관하듯 물건을 버리지 않고 폴더에 분류해서 임시 저장합니다. 분류할 때의 규칙을 정하면 버릴지, 남길지 하나하나 결정하지 않아도 되기 때문에 정신적으로도 체력적으로도 부담이 되지 않습니다.

4개의 폴더로 구분한다

당장 집에 있는 물건을 분류해볼까요. 물건을 쉽게 분류하는 노하우는 '사용 빈도'를 중심으로 폴더를 만드는 것입니다. 사용 빈도별로 폴더를 만들면 분류가 훨씬 편하고 정리가 잘됩니다.

제가 추천하는 폴더는 4개입니다.
① 일일 폴더(오늘 사용한 물건)
② 주간 폴더(일주일 이내에 사용한 물건)
③ 월간 폴더(1개월 이내에 사용한 물건)
④ 연간 폴더(1년 이내에 사용한 물건)

이렇게 사용 빈도에 따라 물건을 분류합니다.

앞에서 말했듯이 정리의 기본은 '**전부 꺼내기**'입니다. 회사에서 서류를 정리할 때도 어떤 서류인지를 파악하지 못하면 정확하게 분류, 정리할 수 없겠지요. 집 정리도 같습니다. 책상에서 하는 일과 관련된 모든 물건을 파악하기 위해 먼저 한 곳으로 모읍니다. 집 안 이곳저곳에 흩어져 있는 서류, 소형 디지털 기기, 문구용품, 책 등 업무에 필요한 아이템을 종이 상자(또는 종이봉투)에 넣어주세요.

그다음엔 모은 아이템을 하나씩 들고 일일, 주간, 월간, 연간이라는 4개의 사용 빈도별 폴더에 분류합니다.

분류 기준은 '언제 그 물건을 사용했는지'입니다. '오늘 사용한 물건'은 ① **일일 폴더**, '이번 주에 사용한 물건'은 ② **주간 폴더**로 분류합니다. 버릴지 말지 판단하는 일은 잠시 뒤로 미루고, 최근 사용 실적을 기반으로 주관을 개입시키지 말고 차분하게 물건을 구분합니다.

물건을 분류하는 순서

STEP1
아이템을 모은다.

STEP2
폴더로 나눈다.

일 년 이상 사용하지 않은 물건이나 추억의 아이템은 '보류(망설임 폴더로)'.

4개의 폴더에 해당되지 않는 물건(1년 이상 사용하지 않은 물건)은 '보류=망설임 폴더' 상자에 담아주세요. 봉제 인형이나 액자는 '사용한다'는 관점에서는 4개의 폴더 어디에도 해당하지 않기 때문에 일단 '망설임 폴더'에 넣습니다. '망설임 폴더' 정리법은 94쪽을 참고해주세요.

폴더 분류가 끝나면 각 물건의 자리를 결정합니다. 기본은 우선순위가 높은 쪽부터 일일 폴더→주간 폴더→월간 폴더→연간 폴더→망설임 폴더 순서로 집 안에 놓아둘 장소를 정합니다.

지금부터 하나씩 살펴보겠습니다.

계속 보지 않는 참고서처럼 '사용할 마음은 있지만 실제로는 쓰지 않는 물건'도 '망설임 폴더'로 분류합니다. 나중에 '쓰겠지'가 아니라 최근에 실제로 사용했는지를 기준으로 판단합니다.

Method · 13

일일 폴더 정리 규칙

매일 사용하는 물건 수납법

지금 내 방에 있는 출퇴근용 가방, 리모컨, 안경의 제자리는 어디인가요?

책상이나 소파에 아무렇게나 두었다면…, **비효율적**이에요! **매일 사용하는 물건은 넣고 꺼내기 가장 편한 제자리를 정해주세요.** 매일 쓰는 펜이나 수첩은 책상 위에 그대로 두는 경우가 많습니다. 그런데 매일 사용한 물건을 제자리에 두는지 아닌지에 따라 그 방의 인상은 크게 달라집니다. 꺼내놓은 물건이 많으면 생활감이 느껴지고 지저분해 보여요.

'매일 꺼낸 물건을 정확하게 정리하는 꼼꼼한 성격이 되어야 한다'라는 건 아닙니다. 쓸데없이 고생하고 싶지 않으면 꺼낸 채로 두기보다는 편한 장소에 제자리를 정하면 좋겠지요.

==매일 쓰는 물건은 사용하는 장소와 가장 가까운 곳에 수납하세요.== 책상에서 매일 쓰는 물건은 책상 주변(반경 1m 이내)에 둡니다. 수납 장소를 결정할 때는 핸디존(다음 쪽 참고, 손을 옆으로 쭉 뻗어 상하 30도 정도로 움직였을 때 손이 닿는 구역. — 옮긴이 주)을 고려합니다. 책상에 앉아서 손을 옆으로 뻗으면 닿는 지점이 매일 사용하는 물건을 둘 최적의 장소입니다. 핸디존에 매일 사용하는 물건만 두면 넣고 꺼내기가 매우 편하지요.

제가 책상 옆에 두고 활용하는 공간 박스의 배치를 소개합니다. 책상에 앉았을 때 1단이 핸디존이기 때문에

- 1단 = 매일 사용하는 물건
- 2단, 3단 = 매주 사용하는 물건

을 수납합니다. 일과 공부뿐만 아니라 화장, 스킨케어도 책상에서 하기 때문에 매일 사용하는 거울과 화장 도구는 1단에 정리했습니다.

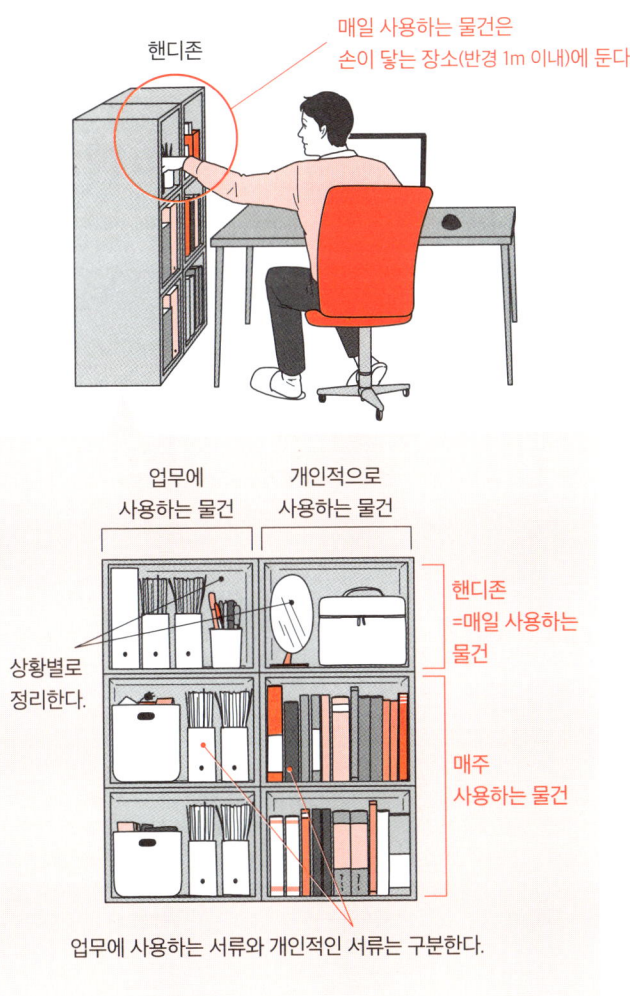

자주 사용하는 물건은 가까이 둔다

큰 바구니나 상자에 적당히 되돌려놓는다

매일 사용하는 물건을 수납하는 몇 가지 포인트가 있습니다.

하나는 넣고 꺼내기 쉬운 케이스에 세워서 수납하는 것입니다. 부피가 큰 서류는 클리어 파일에 넣어

서류나 전선은 파일 꽂이를 이용해서 세워놓자!

그림과 같은 파일 꽂이에 세워서 수납합니다. PC 케이블이나 전선도 파일 꽂이에 넣으면 깔끔합니다.

또 하나의 포인트는 사용하는 상황별로 그룹을 나누는 것입니다. 여러분 책상에서 문구용품을 넣어둔 곳을 보세요. 매일 쓰는 펜과 거의 사용하지 않는 스테이플러 심이 같은 장소에 있지 않나요? 이거다 하고 필요한 물건을 바로 꺼내지 못하겠지요.

수납하는 그룹은 '서류, 문구용품…'등 카테고리로 구분하는 것이 아니라 '매일 사용하는 것, 매주 사용하는 것', '공부할 때 사용하는 것, 쉴 때 사용하는 것'과 같이 사용 빈도와 상황을 우선해서 결정합니다.

저는 매일 사용하는 펜은 책상 주변(여분의 펜은 주방의 저장용

품 두는 곳에)뿐만 아니라 현관(우편물 수취용)이나 냉장고(식품 라벨 작성용) 근처에도 둡니다. 책상 주변에만 펜을 두면 사인이 필요한 우편물을 받을 때마다 책상까지 펜을 가지러 가야겠지요. 사용 상황을 전제로 물건을 배치하면 수고와 낭비를 줄일 수 있습니다.

    매일 쓰는 물건의 제자리를 정했는데도 곧장 원래대로 되돌려놓지 못한다면 위치 설정이 잘못되었을 가능성이 큽니다.

    꼼꼼하지 못한 성격이라면 핸디존에 놓는 물건 수를 과감하게 줄이고, 큰 바구니에 적당히 되돌려놓는 단순한 행동으로 넣고 꺼낼 수 있는 구조로 변경합니다. 바닥에 꺼내두고 쓰는 것과 바구니에 던지는 동작의 작업량은 거의 같거든요.

── One More Advice ──

서랍이 많은 수납장을 사고 싶은 사람은 주의. 물건을 정리할 때 서랍이나 파일을 여닫는 등 액션이 늘어나면 되돌려놓기가 귀찮아집니다. 꺼내놓는 버릇이 든 사람은 유치원에서 장난감을 두는 곳처럼 툭 던져 넣기만 하면 끝나는 간단한 수납으로 바꿔보세요.

Method · 14

주간 폴더 정리 규칙

매주 사용하는 물건 수납법

　매일 사용하는 물건의 제자리가 정해지면 다음은 '매주 사용하는 물건' 차례입니다. 매일 사용하는 물건과 마찬가지로 매주 사용하는 물건도 사용 장소와 가까운 곳에 둡니다(71쪽 그림 참고). 다만 매일 사용하는 물건과 섞이지 않도록 주의하세요.

　여러분이 매장에서 일한다고 상상해보세요. 매일 손님에게 주는 포인트 카드와 일주일에 한 번도 주지 않는 기프트 카드가 섞여 있으면 꺼낼 때마다 구별해야 해서 불편하겠죠.

　==화장품도 매일 사용하는 아이템과 주말에만 사용하는 아이템은 같은 곳에 두지 않도록 합니다.==

또 일할 때 보는 참고 서적과 휴식 시간에 읽는 소설을 나누고, 평일에 입는 옷과 휴일에 입는 옷을 구분합니다. 이렇게 **사용 상황에 맞춰서 그룹화하는 것도** 잊지 마세요. '매일 사용하는 물건'처럼 카테고리가 아니라 사용 빈도와 상황별로 분류합니다.

그룹별로 모은 물건은 같은 장소에 둡니다. 저는 욕실에서 독서하는 습관이 있어 욕실 안 바구니에 책을 1~2권 놓아둡니다.

처음부터 잘 분류하려고 고민할 필요는 없어요. 먼저 일주일 동안 실험해보세요. 방법은 '주간 폴더'로 분류한 물건을 종이봉투에 넣은 다음 사용한 물건 순서대로 공간 박스에 돌려놓는 거예요.

일주일 후 되돌아온 장소가 그 물건에 가장 적당한 자리입니다. 일주일에 한 번 정도 쓰는 물건은 '월간 폴더' 또는 '연간 폴더'로 분류합니다. 실제로는 한 달에 한 번 정도 사용하지만 '매주 사용하고 있다'고 착각하는 물건도 많아서 이 실험으로 정확한 사용 빈도를 알 수 있습니다.

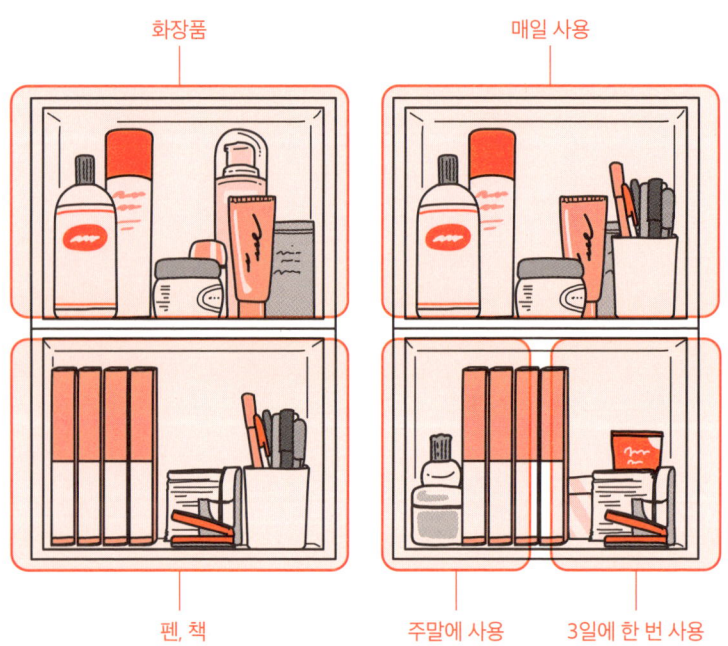

매일&매주 사용하는 물건의 수납 예시(화장실 수납장)

✗ 카테고리로 분류

화장품

펜, 책

매일 쓰는 물건과 일주일에 1, 2회 사용하는 물건이 섞여 있어 불편하다. 흐트러지기 쉽다.

○ 빈도·상황에 따른 분류

매일 사용

주말에 사용   3일에 한 번 사용

**항상 사용하는 물건을 한눈에 알 수 있다!
잘 흐트러지지 않는다!**

정리하는 공간에 '여백'을 만든다

수납(제자리를 정한다)을 할 때는 '여백'을 생각해야 합니다. 대략 수납공간의 면적을 10으로 볼 때 매일 사용하는 물건은 전체의 70%, 매주 사용하는 물건은 전체의 80%를 넘지 않도록 빈 공간을 확보합니다. 10 전체를 채워 넣으면 손이 들어갈 공간이 없어 뭔가를 꺼내지 않으면 물건을 넣고 꺼내기가 어렵습니다.

손의 두께는 약 3cm입니다. 최소한의 공간이 없으면 물건을 넣고 꺼내는 도중에 귀찮아져 그냥 주변에 꺼내놓은 채로 두기 때문에 결국 정리하기 전 상태로 되돌아갑니다. 또 새로운 물건을 사거나 받았을 때 수납 상태를 흐트러뜨리지 않기 위해서도 항상 공간에 여유를 둘 필요가 있습니다.

책상 주변의 수납공간은 일일 폴더, 주간 폴더의 물건만으로도 대부분 가득 찰 것입니다.

아이템을 충분히 살펴봤지만 이 시점에서는 전혀 들어가지 않거나 빈 공간이 없다면, 책상 주변의 수납 용량이 부족할 가능성이 있습니다.

책장이나 플라스틱 상자 등 집에 있는 수납용품을 활용할 수 있는지 검토해보세요. 책장이 가득 차도 포기하지 마세요. 자주 읽지 않는 책과 만화책을 종이 상자에 옮겨 담으면 빈 공간이 만들어집니다.

집에 수납용품이 하나도 없는 사람은 공간 박스를 하나 구입하세요. 대형 책장이나 비싼 서류함은 이 단계에서는 추천하지 않습니다. 정리가 끝난 시점에 인테리어를 고려해서 구입을 검토할 수 있도록 가볍고 저렴한 것으로 고르세요. 책상 주변에서 사용하지 않게 되면 벽장이나 옷장의 칸막이로도 활용할 수 있어 편리합니다.

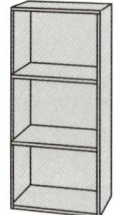

월간 폴더 정리 규칙

매월 사용하는 물건 수납법

　매일 사용하는 물건, 매주 사용하는 물건의 제자리가 정해지면 이제 매월 사용하는 물건의 제자리를 결정합니다. 매일 사용하는 물건, 매주 사용하는 물건은 실제 사용 장소를 고려해서 수납 위치를 결정했지만, 매월 사용하는 물건은 사용 장소를 고려하지 않아도 됩니다.

　회사에서도 매주 사용하는 서류는 책상 주변에, 그보다 사용 빈도가 낮은 서류는 공용 캐비닛에 보관하지요. 일 년에 몇 번 보지 않는 서류라면 다른 층의 서고나 외부 창고에 보관되어 있을지도 모릅니다. 한 달에 한 번 정도 사용하는 물건이라면 가까이에 두지 않아도 되겠지요. 방의 비어 있는 공간을 활용하면 됩니다.

참고로 제 방의 배치는 이런 느낌입니다.

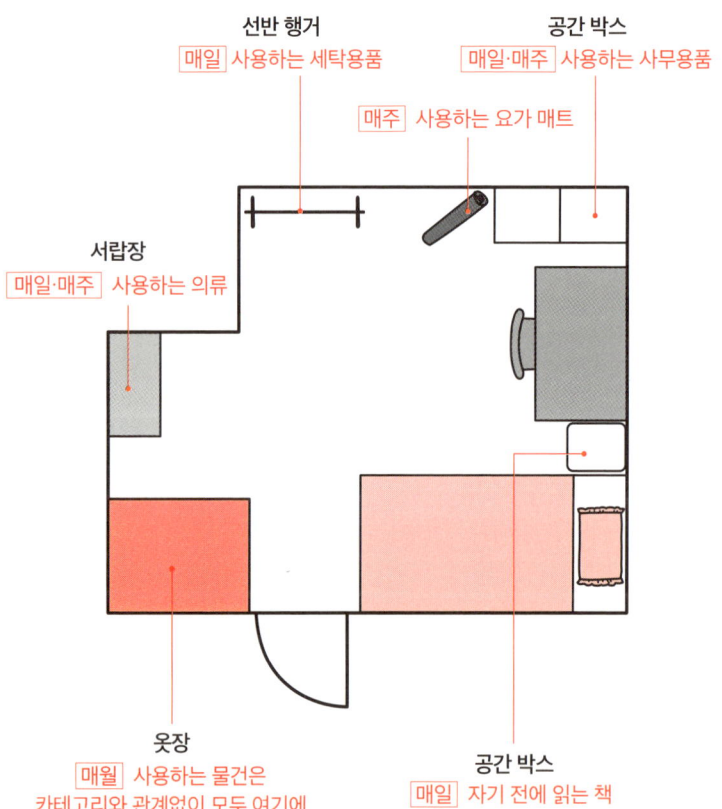

책상에서 일할 때 매일·매주 사용하는 물건은 책상 주변에, 일주일에 몇 번 사용하는 요가 매트나 운동 기구는 방의 벽 쪽 한가운데 두었습니다. 거의 매일 사용하는 세탁용품은 방구석에, 옷은 서랍장에 수납합니다.

'월간 폴더'와 '연간 폴더'의 물건을 담당하는 것이 옷장입니다. 옷장은 옷을 정리하는 장소라기보다 '월간 폴더의 창고'로 기능하고 있습니다.

옷장의 면적이 작으면 현관 옆 수납장·신발장·주방의 상부장·베란다 수납으로 대신할 수 있겠지요. 온도나 습도의 영향을 크게 받지 않는 책이나 옷 등은 정리한 상자를 안전하게 둘 수 있는 장소라면 집 안 어디라도 괜찮습니다.

의류 매장처럼 상자를 활용한다

매일·매주 사용하는 물건은 넣고 꺼내기 쉬워야 합니다.

- 세워서 수납
- 여백을 두고 수납

이 2가지가 요령입니다.

월간 폴더는 대조적으로 '같은 면적에 얼마나 효율적으로 채워 넣을지'가 중요합니다. 이때 유용한 것이 '상자'입니다. 옷장, 벽장에 수납할 때는 상자가 편리합니다. 물건을 그대로 두는 것보다 적재 효율이 몇 배나 높아 같은 면적에 더 많은 물건을 수납할 수 있습니다.

옷 가게를 떠올려볼까요. 당분간 판매하지 않을 재고품은 상자에 담아서 뒤쪽에 두고, 매일 판매할 물건은 손님이 손에 잡기 쉽도록 상자에서 꺼내 진열해놓지요. 재고품을 모두 상자에서 꺼내 펼쳐놓으면 공간도 차지하고 먼지도 뒤집어씁니다.

집에서도 '여행용품', '여분의 생활용품' 등 사용 상황별로 나누어 담은 상자를 벽장에 수납합니다. 저희 집 벽장은 오른쪽 페이지와 같이 상자가 꽉 차 있습니다.

천으로 된 물건은 부직포 상자, 종이로 된 물건은 종이 상자에 채워 넣어요.

상자를 잘 활용하면 수납에 낭비가 없다.

한 달에 몇 번 사용하는 물건은 옷장에

매주 사용하는 물건을 옷장에 수납할 때는 공간에 여유를 둔다.

한 달에 몇 번 사용하는 옷이나 가방

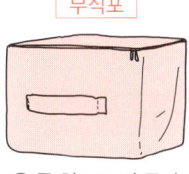

부직포

옷 등 천으로 된 물건

종이 상자와 같은 박스

책이나 서류

문구나 생활용품 여분

가끔 보는 책

상자에 물건을 넣을 때의 요령

상자에 물건을 넣을 때도 몇 가지 요령이 있습니다.

• **상자에 내용물을 기록한 라벨을 붙인다.**

카테고리는 신경 쓰지 말고 사용 상황별로 상자에 담아요. '가끔 읽는 책·서류', '문구용품이나 생활용품 여분', '아웃도어 용품' 등 해당 상황을 라벨에 적습니다. 보관 기간도 같이 적으면 꺼내는 걸 잊을 걱정도 없습니다. 회사에서도 장기 보관용 서류는 전용 상자에 넣고, 일반적으로 상자 옆면에 부서명과 서류 내용, 보관 기간을 적습니다.

보관 기간도 같이 쓰면 더 좋아요!

- **내용물은 투명한 지퍼 백에 소분한다.**

　상자에 보관할 물건은 그룹을 나누어 투명한 지퍼 백에 담으면 넣고 꺼내기를 반복해도 내용물이 흐트러지지 않아서 좋습니다. 균일가 숍의 지퍼 백을 추천합니다. 가격이 저렴해서 부담 없이 사용할 수 있습니다.

- **상자 안을 사진으로 관리**

　'안에 뭐가 들었는지 잊어버리기 쉽다는 것'이 상자의 문제점입니다. 라벨만 보고는 내용물을 떠올리지 못하면, 상자를 이것저것 열어 물건을 찾는 동안 어질러지는 일도 자주 일어납니다. 상자를 다 채우고 나서 사진을 한 장 찍어 컴퓨터나 스마트폰으로 관리하면 편합니다.

- **매월 사용하는 물건은 벽장 앞쪽에**

　옷장 안의 핸디존에 둡니다. 위쪽 선반(천장에 있는 벽장)이나 하단 깊은 곳은 꺼내기가 힘들므로 '연간 폴더' 상자를 넣고, 매월 사용하는 물건 상자는 중간이나 아랫단 앞쪽에 둡니다.

이 시점에서 물건이 방에 들어가지 않는다면, '정말로 1개월 동안 사용했는지'를 철저하게 검토해봅니다.

'매월 사용한다'고 생각하는 물건도 실제로는 일 년에 몇 번 정도만 쓰는 것이 많습니다. 또 수영복이나 스키 용품 등 다음 계절까지 사용하지 않는 계절용 아이템은 '월간 폴더'에 넣지 말고 '연간 폴더'로 분류합니다. 어느 집이든 월간 폴더로 분류한 아이템까지는 들어갈 공간이 있습니다.

연간 폴더 정리 규칙

매년 사용하는 물건 수납법

　마지막으로 '일 년에 몇 번 사용하는 물건'의 수납입니다. '연간 폴더'로 분류한 물건은 폭이 넓기 때문에 '언제 사용하는 것인가'를 기준으로 다시 3단계로 분류합니다.

① 사용 시기가 정해진 물건(계절별 옷이나 이불, 행사용품 등)
② 돌발적으로 사용하는 물건(캠핑·스포츠 용품, 손님용 물건)
③ 애착이 가서 '소유하고 싶은' 물건(추억이 담긴 물건, 수집하는 물건) → 추억 폴더(93쪽 참고)

　'월간 폴더'와 마찬가지로 '상자에 넣고 벽장(옷장)으로', 이것이 기본 수납 방법입니다. '언제 사용하는지'를 기준으로 그룹을 나누어 같은 상자에 담으면, 실제로 사용할 때 망설이지 않고 열어야 할 상자를 선택할 수 있습니다.

다 넣었다면 사진 찍는 것을 잊지 마세요. 일 년에 몇 번 사용하는 물건은 사진으로 남겨두지 않으면 금방 잊어버려 사장품死藏品(필요한 곳에 활용하지 못하고 방치되어 죽은 것과 같은 물건. — 옮긴이 주)이 됩니다.

'출장이나 여행 때만 쓰는 물건'은 투명한 지퍼 백에 담아 여행 가방에 수납합니다. 수면용 안대, 화장품 샘플, 파우치, 변환 플러그 등도 투명한 지퍼 백에 담아 여행 가방에 넣어두면 준비하는 수고를 덜 수 있습니다. 계절 의류나 손님용 이불 같은 천 제품은 압축해서 부피를 줄입니다.(방충제도 잊지 마세요.)

수납 포인트는 ==월간 폴더보다 꺼내기 힘든 곳을 고르는 것입니다.== 벽장 안이라면 위쪽 선반이나 아랫단 안쪽이 연간 폴더에 적당한 장소입니다. 벽장·옷장만이 아니라 현관, 베란다 등 집 안에서 '넣고 꺼내기 힘든 장소'는 모두 일 년에 몇 번 쓰는 물건을 수납하기에 좋습니다.

손이 닿기 쉬운 장소를 핸디존, 손이 닿기 어려운 장소를 백야드라고 하는데, 집 안의 백야드가 연간 폴더의 보관 장소입니다. 사용 빈도가 낮은 물건이기 때문에 습기나 온도만 신경 쓰면 집 안 어디에 두어도 상관없습니다.

어떤 고객의 집에 갔을 때 욕실 수납장 한 단이 가전제품 설명서로 꽉 차 있었습니다. 불필요한 서류를 정리하는 것만으로 수납장 한 단을 확보할 수 있었지요. 마당이나 베란다의 남은 공간을 백야드로 최대한 활용하세요.

Method · 17

물건의 처분

사용하지 않지만
버리지 못하는 물건 대처법

　물건을 사용 빈도와 상황에 따라 적절한 장소에 배치해도 물건에 대한 애착이나 방의 넓이에는 개인차가 있습니다. '매월 사용하는 물건'까지는 누구나 방에 수납할 수 있겠지만, 사용 빈도가 낮은 물건이나 사용하지 않지만 애정하는 물건은 각자의 취미나 가치관에 따라 양이 다릅니다.

　취미가 캠핑과 패션인 사람이라면 그것만으로도 옷장을 간단하게 채울 수 있습니다. 직업상 책이나 서류를 자료로 집에 두어야 하는 사람도 있겠지요.

　벽장이나 옷장의 크기도 집마다 다릅니다. 사람은 1인당 평균

1,500개의 아이템을 소유한다고 합니다. 종이 상자 20~30개 분량입니다. 여러분의 방에는 그 정도의 물건을 들여놓을 공간이 있나요?

지방에 살고 있거나 도시라도 보관 전용 방이나 수납 창고가 있는 주택에 산다면 수납공간이 충분하겠지요. '연간 폴더'의 물건도 문제없이 집 안에 수납할 수 있습니다. 그러나 도시에 살고 있는 사람은 연간 폴더를 집 안에 모두 들이기 어려운 경우가 많습니다.

몇 년에 한 번 사용하는 물건은 처분한다

방에 다 들어가지 않을 때 먼저 할 일은 연간 폴더를 다시 살펴보는 것입니다. 연간 폴더에도 해당하지 않는 물건, 즉 일 년에 한 번도 사용하지 않는 물건은 안타깝지만 사장품입니다.

쓸 일이 없어도 애착이 가는 물건이라면 일 년에 한 번 정도는 사용하며 소중히 여기는 시간을 가져도 좋습니다. 하지만 일 년 이상 손이 가지 않는 물건은 정말로 필요하지 않은 물건일 것입니다.

몇 년에 한 번 정도 사용하고, 애착이 가서 소유하고 싶은 건 아니지만 버리기는 아까운 물건은 연간 폴더에 넣지 말고 '처분 폴더'에 넣습니다.

바로 버릴 필요는 없습니다. 버리기 이외에도 팔기, 물려주기, 기증하기, 빌려주기 등 다른 사람이 활용해줄 장소는 많습니다.(PART 4에서 자세하게 설명하겠습니다.) 그래도 결심이 서지 않는 물건은 '망설임 폴더'로 분류해 제쳐놓았다가 나중에 다시 판단합니다.

애착이 가는 물건은 '추억 폴더'로

사용 빈도와 달리 '애착'은 주관적인 지표입니다. 그러나 '힘들게 구입한 명품이니까…', '친척에게 물려받은 거니까…'와 같이 버리지 못하는 물건에 무조건 애정이 있다고 판단하는 것은 위험합니다. 한정된 공간을 효율적으로 사용하기 위해서라도 애착이 가서 계속 가지고 있는 물건은 '추억 폴더'로, 애착은 없지만 왠지 버릴 수 없는 물건은 '망설임 폴더'로 분류합니다.

'망설임 폴더'는 시야에서 치운다

'망설임 폴더'가 너무 많아 자주 사용하는 물건보다 앞으로 나오지 않도록 주의하세요. 정리하면서 망설여지는 물건에 대한 분류를 끝내지 못해 이번 주에 사용한 물건 앞이나 매일 다니는 마루에 두는 경우가 매우 많습니다. 그러면 매일 '망설임을 피하는' 스트레스가 발생합니다.

'망설임 폴더'는 상자에 넣어 시야에서 치우고, 스마트폰 달력에 개봉 날짜 등록&리마인드 설정을 하고 정기적으로 다시 살펴봅니다. 반년 동안 한 번도 꺼내지 않는 '망설임 폴더'는 더 이상 필요하지 않은 물건입니다. 귀찮다고 생각하지 말고 '망설임 폴더'의 물건을 과감히 버려야 방이 다시 지저분해지지 않습니다.

여기까지의 '정리+수납'을 간추리면, 먼저 물건 정리는 다음과 같은 흐름으로 폴더를 나눕니다.

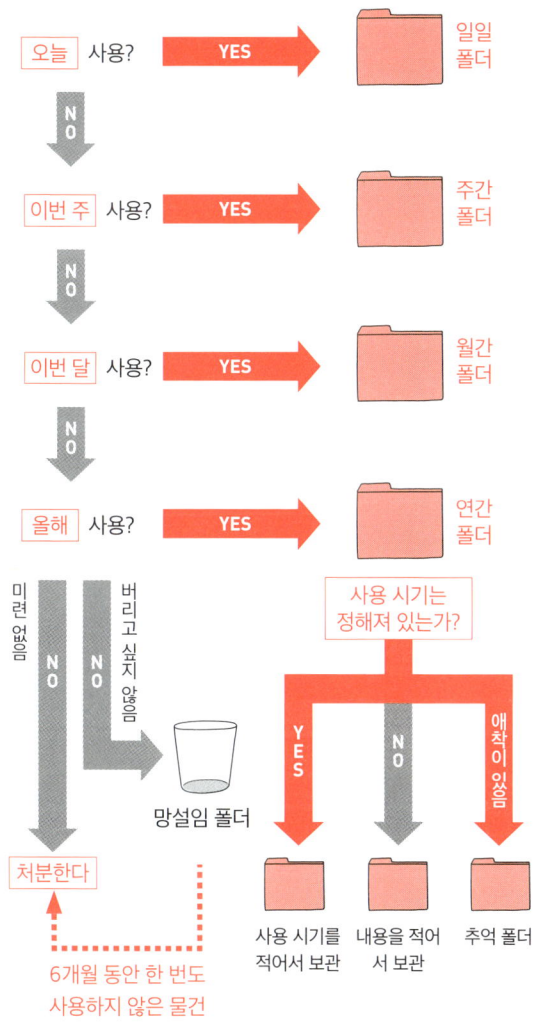

수납할 때는 시기별 물건을 다음 장소에 배치하는 것이 효율적입니다.

① 일일 폴더는 책상에서 손이 닿는 범위(공간 박스 상단)

② 주간 폴더는 책상 주변(공간 박스 중·하단)

③ 월간 폴더는 벽장이나 옷장의 핸디존

④ 연간 폴더는 집 안(밖)의 백야드

* 망설임 폴더는 양을 최대한 줄여 보이지 않는 곳에

정리 폴더 배치 예시

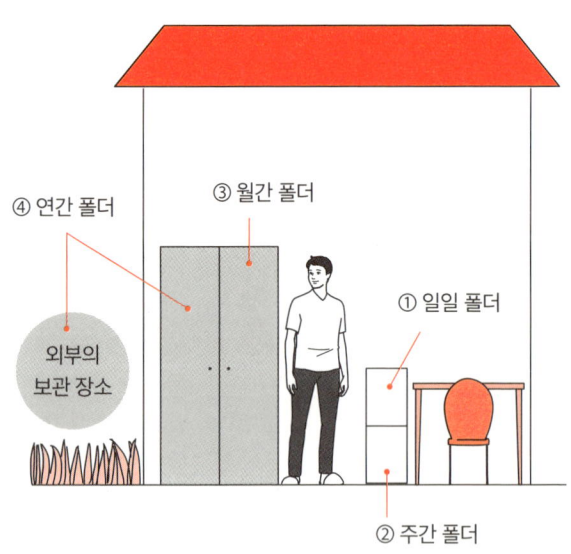

이 장에서 알려드린 폴더 분류가 잘되면 정리는 90% 완성입니다.(수고하셨습니다!) 앞으로는 정기적으로 폴더 안에 물건을 바꿔 넣거나 물건의 위치를 수정하면서 근육질의 방을 유지합니다. 그런데 이 단계에서 적당히 타협한 폴더가 있으면, 나중에 그것이 '방의 병'이 되어 몇 주 만에 지저분해지는 일도 있습니다.

폴더 분류는 정리의 핵심입니다. 납득이 가지 않는 장소는 몇 번이고 다시 해도 됩니다. 서두르지 말고 힘을 내세요.

필요 없나고 생각하면서도 버리지 못하는 물건은 꼭 다른 사람에게 보여주세요. 주위 사람들도 갖고 싶지 않다는 반응을 보이면 그 물건에 대한 생각이 바뀔지도 몰라요. 명품이라면 중고 사이트에서 판매 가격을 알아보는 것도 좋겠지요.

Column

재택근무와 사무실 근무를 자유롭게 활용하자

재택근무가 도입된 회사나 조직에서는 다음과 같은 목소리가 나오고 있습니다.

"과연 재택근무로 생산성이 올라갈 것인가?" 미국 IBM은 2009년 직원의 약 40%를 대상으로 재택근무를 실시했지만, 2017년에 재택근무를 폐지했습니다. 야후와 베스트 바이도 과거에 재택근무를 도입했다가 폐지한 일이 있습니다.

일본에서는 2017년 이후 정부·도쿄도 및 경제계가 함께 '재택근무 Day'를 추진했습니다. 2020년 3월 이후에는 코로나19 확산 방지 대책으로 재택근무가 증가했는데, 전국적으로는 임시 조치입니다.

한국의 경우 코로나19로 인해 국내 매출액 기준 100대 기업들 대부분이 재택근무(사무직 기준, 공기업 제외)를 시행하고 있는 것으로 나타났습니다. 재택근무를 시행하지 않는 기업 중 '코로나19 확산 이후 재택근무를 시행한 적이 있으나, 현재는 하고 있지 않은 기업'은 2.4%, '코로나19 확산 이후부터 현재까지 재택근무를 시행한 적이 없는 기업'은 6.1%로 조사됐습니다. 재택근무를 중단한 기업의 경우 '업무 비효율'을 주요한 이유로 꼽았습니다.

제 주위에서도 재택근무에 대한 의견은 각기 다릅니다. "작업에 집중할 수 있다"고 좋아하는 사람도 있고, "동료와 커뮤니케이션하기가 힘들다"고 불만을 토로하는 사람도 있습니다.

저는 재택근무와 회사 출근을 자유롭게 선택하면 조직의 생산성이 크게 올라간다고 생각합니다. 재택근무에 적합한 업무와 회사에 맞는 업무가 따로 있기 때문입니다.* 아래 EVIDENCE의 실험을 살펴보죠.

*EVIDENCE

재택근무의 효과를 증명하는 실험이 있습니다. 게이오기주쿠 대학 이공학부의 연구 <작업자의 집중도에 따른 재택근무 환경 제공-가상 오피스 시스템 Valentine>에서는 가상 시스템에서 오피스 환경을 재현하는 실험을 진행했습니다. 사무실 밖에 있지만 마치 사무실에 있는 것처럼 다른 사원과 일하는 공간을 온라인상에 만들었습니다. 이 연구는 1988년에 발표되었지만, 사무실 근무와 재택근무의 관계성은 현재에도 참고가 됩니다.

이 실험에서는 우리가 평소 일할 때 커뮤니케이션하는 방법을 세 종류로 분류합니다.

① 개인 작업
② 인포멀 커뮤니케이션 informal communication
③ 포멀 커뮤니케이션 formal communication

① 개인 작업은 문자 그대로 누구와도 대화하지 않고 혼자 집중해서 하는 일입니다. 자료 작성이나 비용 관련 업무 처리 등이 여기에 해당하겠지요. ③ 포멀 커뮤니케이션은 대개 회의인데, 정해진 시간에 특정한 문제에 대해 의논하는 것입니다. ①과 ③ 사이에 해당하는 것이 ② 인포멀 커뮤니케이션입니다. 갑자기 질문을 하거나 동료의 표정을 보거나 가벼운 대화를 나누고 화면을 들여다보는 것 등입니다.

집은 사무실과 비교하면 '① 개인 작업'의 효율이 크게 올라가지만, '② 인포멀 커뮤니케이션'은 빈도가 크게 줄어듭니다. 반면에 사무실에서 일

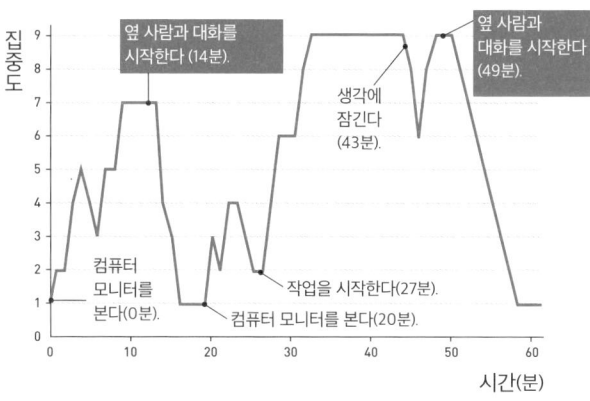

옆 사람이 말을 걸면 집중도는 떨어진다.

옆 사람과 대화를 시작한다 (14분).
생각에 잠긴다 (43분).
옆 사람과 대화를 시작한다 (49분).
컴퓨터 모니터를 본다(0분).
컴퓨터 모니터를 본다(20분).
작업을 시작한다(27분).

<작업자의 집중도에 따른 재택근무 환경 제공
— 가상 오피스 시스템 Valentine>을 바탕으로 작성

할 때는 ①의 효율이 떨어지고, ②의 효율이 올라가는 정반대 결과가 나타납니다.

일할 때 옆 사람이 말을 걸면 집중력이 떨어진다는 것은 누구나 예상할 수 있겠지요. 실험 결과 옆에 사람이 있으면 개인 작업에 수반되는 집중력이 뚝 떨어진다는 사실이 앞의 그래프대로 밝혀졌습니다.

이 책에서는 '① 개인 작업'의 효율을 높이기 위한 방 만들기를 소개하고 있는데, 재택근무가 만능은 아닙니다. 혼자서 집중해야 하는 업무는 집에서, 의논이 필요한 업무를 할 때는 출근 등 유연하게 업무 환경을 바꾸는 것이 가장 효율적입니다.*

* EVIDENCE

Centre d'analyse stratégique(프랑스 수상 관할 아래 있는 의사결정과 전문 지식 기관)에 따르면 프랑스에서는 '주 1~2일은 재택근무, 나머지는 회사 출근'이라는 유형이 가장 이상적이라고 합니다. 매일 재택근무를 하기 힘든 사람은 일주일에 3분의 1은 집에서 일하고, 나머지는 회사로 출근해서 동료와 커뮤니케이션이 필요한 업무를 처리한다는 스케줄을 짜면 어떨까요?

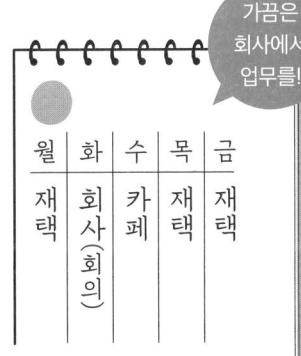

자주 사용하는 물건은 가까이 둔다

고생해서 방을 정리 정돈했는데 금방 어질러지고….
이런 사람은 물건을 늘리는 사고를 갖고 있는지도 모릅니다.
심플한 상태가 유지되도록 생각을 바꾸어볼까요.

PART
3

정리에서 인테리어는 마지막의 마지막에

결코 정리하기 전 상태로 되돌아가지 않는 '뺄셈' 사고

Method · 18

심플한 사고

방에 대한 꿈과 이상은 버린다

　PART 2에서 물건을 '정리+정돈'하는 기본 흐름을 소개했습니다. 이번 장에서는 정리의 성공 확률을 높이는 '멘털 관리법'을 알려드리겠습니다. 정리에 대한 인식을 바꾸면 두 번 다시 정리하기 전 상태로 되돌아가지 않는 방 만들기에 가까이 갈 수 있습니다. 내용이 조금 어려울 수 있지만, 열심히 따라와 주세요!

　여러분은 정리를 시작할 때 무엇부터 손을 대나요? '우리 집은 수납공간이 부족하니까 수납용품부터 구입해야지'라고 생각한다면, 그건 **비효율적인 방법**입니다!

정리는 순서대로 처리해나가는 작업입니다. 순서를 건너뛰거나 해야 할 일을 하지 않으면, 바로 정리하기 전 상태로 되돌아갑니다. 귀찮다고 단계를 건너뛰면 나중에 반드시 부작용이 생깁니다. 이런 점을 다시 한번 염두에 두고 정리를 시작합니다.

여러분의 방은 지금 어떤 상태인가요?
☐ 쓰레기가 치워져 있다.
☐ 물건의 제자리가 정해져 있다.
☐ 물건을 제자리에 두어 정돈된 상태가 유지되고 있다.
☐ 인테리어가 잘되어 편안한 공간이 만들어졌다.

혹시 음료를 마시고 난 페트병이나 빈 티슈 상자가 방에 어질러져 있다면 질문에 답하기 전에 쓰레기부터 치워주세요. 이 작업을 마다하면 이야기가 진행되지 않습니다!(대충대충 적당히 하는 성격을 나무라는 게 아닙니다. 지금 당장 커다란 쓰레기통을 준비하고 스트레스 없이 버릴 수 있는 구조를 만듭니다.)

다음으로 별생각 없이 물건을 수납하고 있다면 정확하게 제자리를 정합니다. 이 단계에서 갑자기 인테리어에 공을 들이거나 제자리가 아닌 곳에 물건을 되돌려놓으면 금방 정리하기 전 상태로 되돌아갑니다.

물건을 사용하기 편하게 제자리를 결정할 때 '뺄셈' 사고가 도움이 됩니다.

'방에서 이런 즐거운 일을 해보고 싶어!'
'편하게 쉴 수 있는 북유럽 스타일의 방이 좋을까…'
'정리 봉을 사용해서 수납 양을 늘리자!'

이러한 생각은 '덧셈' 사고입니다.

뺄셈 사고는 '매일매일 생활하는 동선에서 방해되는 물건부터 순서대로 시야에서 치운다'라는 이미지를 가집니다.
정리가 끝났을 때의 모습을 '매일 멋지고 여유롭게 사는 것'에서 '생활에 지장 없이 무난하게 사는 것'으로 목표를 낮춰보겠습니다.

바쁘면 바쁠수록 '심플'을 기억하세요. 바꿔 말하면 아무 생각 하지 않아도 깨끗하게 유지할 수 있는 방을 목표로 합니다. 더 쉽게 설명하면, 유치원생이라도 방에서 필요한 물건을 바로 찾을 수 있을 정도로 보편적인 모습을 떠올려주세요.

One More Advice

인테리어 잡지나 수납 아이디어를 다룬 책에 소개된 정리법은 대부분 상급 자용입니다. '집 안 정리는 완벽하게 끝냈어. 한 단계 위로 목표를 잡고 싶어'라고 생각하는 사람이 아니면 좌절할 가능성이 높아요. 특히 '보이는 수납'은 상당한 테크닉이 필요합니다.

인테리어의 유무

'겉모양부터 들어가면' 실패한다

수납용품을 추가로 구입하는 타이밍은 맨 마지막 과정입니다. 정리가 끝나기도 전에 수납을 의식하면 '수납하기 쉬운 물건부터 차례로 남기자'라고 소유에 의미를 부여한 필터가 설정되어 정확한 판단을 하지 못합니다.

일을 할 때도 기존의 업무 흐름이나 구성원의 강점을 아직 잘 모르는 단계에서 비싸고 좋은 도구를 도입하면 대체로 잘 안 됩니다.

업무도 스포츠도 '기초 연습을 충분히 하고 나서 환경을 갖추는' 타입과 '최상의 환경을 만들어 먼저 겉모습에 치중하는' 타입으로 나눌 수 있습니다. 어느 쪽이든 그 사람에게 맞는다면 그 나름대로 성과는 나올 겁니다. 하지만 정리는 '겉모습에 치중하면' 성공 확률이 크게 낮아집니다.

　인테리어 잡지를 보고 이상적인 집을 상상하며 그 모습을 향해 정리를 진행하는 사람도 있겠지만, 처음에 설정한 목표가 너무 높으면 도중에 포기하게 됩니다. 무난하게 생활할 수 있을 때까지 구체적인 수납용품은 구입하지 말아주세요.[*]

목표는 근육질의 건강한 방

　다음은 신경 써서 인테리어를 한 방과 심플한 방의 차이입니다. 두 그림을 비교해보세요.

---

* Evidence: 온라인 쇼핑 회사 펠리시모FELISSIMO에서 20~50대 여성 412명을 대상으로 실시한 설문 조사에 따르면, 수납용품을 구입한 사람 중 65%가 잘 활용하지 못한 경험이 있다고 답했습니다. 엉겁결에 구입한 수납용품은 제대로 활용하지 못할 확률이 높아 수납한 물건이 사장될 위험이 있습니다.

처음에는 디자인보다 '기능성'을 중시

A. ✗ 디자인 중심의 설계

B. ○ 기능 중심의 설계

그림 A처럼 인테리어를 한 방은 어떤가요?

매일(혹은 매주) 사용하는 물건이 방 안 여기저기에 흩어져 있어 동선이 복잡하고, 물건을 꺼내기 힘들고 되돌려놓기 어려운 상태입니다.

또 거의 사용하지 않는 '보기 좋은 소품들'이 거주 공간에 늘어져 있습니다. 이러면 먼지를 뒤집어써 청소하기 힘들고, 가장 중요한 '사용하는 물건'이 '사용하지 않는 물건'과 섞여 찾기가 힘듭니다.

'이런 방을 만들고 싶어'라고 생각하는 사람은 많지만, 실제로는 매우 정성을 들여 정기적으로 정리하지 않으면 깨끗한 상태를 유지하기 힘듭니다. 분명하게 말하면 곧 정리하기 전 상태로 되돌아가는 '사용하기 힘든 방'이라고 할 수 있습니다.

그렇다면 그림 B와 같은 심플한 방은 어떤가요?

먼저 공간 박스 안의 **'매일(매주) 사용하는 물건'만 눈에 들어옵니다.** 꺼내고 넣는 일도 순식간에 끝날 것 같습니다. 사용 빈도가 낮은 물건은 상자에 담아 벽장에 넣어두었기 때문에 먼지가 쌓이지도 않고 필요할 때 꺼내기만 하면 됩니다. 이런 방이라면 하루에 5분 정도만 정리해도 깨끗한 상태가 유지되겠지요. 이를테면 '근육질의 건강한 방'입니다.

　사용하기 편하게 물건의 제자리를 정하고 매일 무리하지 않아도 깨끗한 상태를 유지하게 된 다음에는 인테리어나 수납에 집중합니다. 싱거운 요리에는 얼마든지 간을 할 수 있지만, 이미 진하게 맛을 낸 요리는 원래대로 되돌리기 어렵습니다. 방 정리에 대해서도 '처음에는 심플, 공들이는 것은 마지막'이라는 2단계 방식으로 생각해보세요.

　무엇을 살지를 생각하기보다 먼저 심플하고 무난하게 생활할 수 있도록 제자리를 정하는 일에 집중합니다. 기능적인 부분이 해결되면 거기에서부터 덧셈 사고로 디자인을 개선해나가는 거죠.

이사는 별생각 없이 관리해온 가구의 배치나 수납을 다시 살펴볼 기회입니다. 유용하게 활용하지 못하는 수납용품은 과감하게 처분합니다. 새로 이사할 집을 둘러보러 갈 때는 벽장과 같은 수납공간의 치수폭·깊이·높이를 재서 종이 상자 몇 개가 수납되는지를 미리 파악해둡니다. 이사 직후에는 당분간 종이 상자나 기존의 수납용품을 이용하며, 물건의 제자리를 파악한 다음에 가구나 인테리어용품을 추가로 구입하세요.

Method · 20
수납 테크닉

수납용품 구입은
크기를 확인한 뒤에

정리를 시작하면 이것저것 수납용품이 갖고 싶어집니다. 그러나 정리가 끝날 때까지 꾹 참아야 합니다. 수납용품에 맞춰서 물건을 선택하는 것이 아니라 정리가 끝나고 남은 물건의 양이 정해지면 그때 수납용품을 검토합니다.

제가 정리 컨설팅을 한 고객들은 거의 예외 없이 집에 크고 작은 여러 가지 수납용품을 가지고 계셨습니다. 당사자는 '수납용품이 거의 없다'고 생각하지만, 집 안 이곳저곳에서 서류함이나 책꽂이, 빈 상자나 리빙 박스, 바구니 등의 수납용품이 발견되었습니다. 수납용품은 일단 구입하면 쉽게 처분하지 못합니다. 먼저

집에서 활용하지 못하고 있는 수납용품이 얼마나 되는지 체크해 보세요.

　기준은 서류함이나 책장에는 '한 달에 한 번 이상 사용하는 물건'을 넣어 세워서 수납하고, '한 달에 한 번도 사용하지 않는 물건'은 상자에 담아 벽장이나 옷장에 넣어두는 것입니다.
　오랫동안 쓰지 않은 서류가 서류함에 수납되어 있다면 클리어 파일에 넣어 상자에 담아 보관하고, 서류함은 책상 주변에서 재활용합니다.

벽장에 수납할 때도 급하게 대형 리빙 박스를 구입하지 마세요. 크기를 잘 모르고 수납하면 죽은 공간이 생겨 적재 효율이 떨어집니다. 먼저 현재 가지고 있는 종이 상자 등으로 공간의 크기를 확인하고 나서 크기가 꼭 맞는 물건을 온라인으로 구입합니다.

과자 상자나 신발 상자도 수납용품으로 활용합니다. 종이 상자는 가위로 자르거나 풀로 붙여서 크기를 자유롭게 바꿀 수 있기 때문에 공간 박스나 서랍 안을 구분하기가 편합니다.

일주일 정도 빈 상자를 활용해보고 사용하기 편하면 자로 재서 같은 크기의 케이스를 온라인으로 주문해도 좋습니다. 수납용품은 크기가 생명이기 때문에 매장이 아닌 온라인에서 구입하기를 권합니다.

신발장에도 '죽은 공간'이 존재합니다. 꼭 맞는 수납용품을 찾기가 매우 어려우므로 이사 직후에는 종이 상자와 균일가 숍의 바구니 트레이를 조합한 DIY를 추천합니다. 종이 상자나 두꺼운 종이를 공간에 맞춰 잘라서 접착테이프로 고정하면 간이 선반이 완성됩니다. 몇 주 지난 다음 사용감이 좋으면 같은 크기의 기성 제품으로 업그레이드하면 되지요.

소소한 수납법 ①

3단 공간 박스만 구입하면 끝

책장이나 조립식 선반을 방에 두면 '선반이 꽉 찰 때까지 물건을 두고 싶다'는 생각을 하기 쉽습니다. 그래서 저는 ==3단 공간 박스를 필요한 수만큼 구입==하는 걸 추천합니다. 이렇게 하면 가지고 있는 물건의 양이나 종류에 맞춰 최소한의 수납 가구를 두게 되므로 쓸데없이 물건을 많이 살 염려도 없습니다.

책을 많이 읽는 시기에는 책을 수납하고, 화장품이나 소품을 수납하고 싶을 때는 책 공간을 줄입니다. 시기에 따라 수납 아이템을 재배치할 수 있다는 점이 공간 박스의 최대 장점입니다.

또 문을 여닫지 않기 때문에 꺼내고 넣을 때 동작 수도 줄일 수 있습니다. 그러나 문이 없어 먼지가 들어가기 쉽고 내용물이 보여, 사용 빈도가 낮은 물건을 수납하는 데는 추천하지 않습니다.

일주일에 한 번 이상 사용하는 물건은 공간 박스에 수납하고, 그 외의 물건은 뚜껑이 있는 상자에 담아서 잘 보이지 않는 장소에 구분해서 수납하기를 추천합니다.

독특한 수납용품은 사지 않는다

'독특한 수납용품은 사지 않도록' 주의합니다. 다음은 제가 과거에 구입했다가 실패한 수납용품입니다.

- ⓧ 라탄 바구니(천 제품을 안에 넣으면 걸려서 올이 풀린다.)
- ⓧ 액세서리 보관함(서랍이 무거워서 꺼내고 넣기 불편하고, 작은 열쇠가 달려 있어 여닫기가 번거롭다.)
- ⓧ 틈새 수납 서랍(물건을 꺼내고 넣기 어려워 점점 사용하지 않게 된다.)
- ⓧ 바나나걸이(쓰임새가 너무 적고 이용 빈도가 낮다.)
- ⓧ 대형 리빙 박스(부피가 커서 안에 뭐가 들어 있는지 파악하기 힘들다.)

수납용품을 구입할 때 포인트는 'Simple is Best'입니다. 소재가 가볍고 여닫기 쉽고 아무 생각 없이 몇 초 만에 꺼내고 넣을 수 있는 것으로 고릅니다. 구입한 후 조금이라도 마음에 들지 않으면 중고 사이트에서 팝니다. 억지로 계속 사용하면 방이 어질러지는 원인이 됩니다.

종이봉투는 장기간 보관에는 부적합

종이봉투를 수납에 활용하는 사람도 있습니다. 정리 작업을 진행하는 과정에서 종이봉투는 여러모로 활용됩니다. 아이템을 분류하기 전에 임시 보관하거나 물건을 운반할 때, 망설여지는 아이템과 플리마켓에 내놓을 예정인 아이템을 일시 보관할 때 편리합니다.

그러나 장기간 보관할 목적으로 종이봉투를 사용하는 건 다음과 같은 이유로 추천하지 않습니다.

① 내용물이 잘 보이지 않는다.

② 세워지지 않아서 위에 쌓아놓기 힘들다.
③ 먼지가 쌓이기 쉽다.

습기로 내용물의 상태가 나빠질 우려도 있습니다. 그러니 여러분의 옷장에도 물건이 담긴 채 방치된 종이봉투가 있다면 먼지가 쌓였는지 체크해보세요.

아이들 장난감이나 문구용품 등 '자질구레한 물건'은 종이봉투가 아닌 투명한 지퍼 백에 넣어 뚜껑이 있는 상자에 보관합니다.

Method · 22
소소한 수납법 ②

책상 주변에 음식이나 유아용품을 두어도 OK

육아 중에는 장난감이나 아기 침대 등 유아용품이 많이 필요합니다. 주방에서 요리하는 틈틈이 화장을 끝내는 분도 있겠지요. 또 식탁이나 화장대를 책상과 겸용으로 쓰기도 합니다.

즉, 누구에게나 '주방=요리하는 장소', '책상=공부나 일하는 장소'라고는 할 수 없습니다. '펜은 연필꽂이', '조리도구는 주방' 등 카테고리별로 장소를 결정하면 사용하기 힘든 방이 됩니다.

사용하는 물건은 사용하는 장소 가까이에 둡니다. 몇 번이나 말씀드립니다만, 이것이 정리의 철칙입니다.

주방에서 책을 읽는 사람이라면 주방 주변에 책을 두고, 책상에서 화장을 하는 사람이라면 책상 주변에 화장 도구를 둡니다. 상식에 얽매이지 말고 물건은 '사용하기 편리함'을 최우선으로 배치합니다.

공간 박스와 바구니를 효과적으로 활용한다

이때도 공간 박스가 유용합니다. 사용하는 상황별로 단을 나누어서 물건을 수납할 수 있거든요.

예를 들어 배가 고플 때마다 주방에 가면 작업이 중단됩니다. 책상 주변에 공간 박스를 놓고 업무 도구뿐만 아니라 먹을거리나 위생용품도 놓으면 어떨까요?(저는 출출할 때 집어 먹을 견과류나 과자를 책상 옆에 늘 준비해둡니다.)

그렇다면 정해진 장소는 없지만 자주 사용하는 아이템은 어떻게 하면 좋을까요?

예를 들면 유아용품이나 장난감은 바구니에 넣어 공간 박스에 수납하고, 하루를 시작할 때 바구니를 꺼내 사용하는 장소로 가지

고 갑니다. 바구니별로 꺼내고 되돌려놓으면 하나의 물건을 여러 장소에서 사용해도 어질러지는 것을 막을 수 있습니다.

단, 사용 빈도가 낮은 물건과 높은 물건을 섞어놓는 것은 NG. 매일 사용하는 아이템만 엄선해서 바구니에 넣습니다. 손잡이가 달린 바구니도 많이 판매하는데, 바구니 자체가 무거우면 꺼내고 넣을 때 힘이 들므로 가능하면 가벼운 것으로 고릅니다.

여러 곳에서 사용하는 아이템은 바구니를 여러 개 구입해 사용하는 장소마다 세팅해두는 것도 방법입니다. 예를 들면 안약. 안약은 책상에서 넣기도 하고 자기 전에 침대에서 넣거나 직장에서도 사용하기 때문에 각각 1개씩 사용하는 장소에 두면 찾는 데 시간이 걸리지 않습니다.

Column

평소에 하지 않던 일을 무리해서 시작하지 않는다

재택근무에 익숙해지면 절약한 출퇴근 시간을 활용해 좋아하는 커피를 마시거나 텃밭을 가꾸며 일도, 개인 생활도 매우 알차게 해냅니다.
그러나 집에서 일이나 공부를 하는데 익숙해지기 전에 이것저것 손을 대면 역효과가 납니다. '비어 있는 시간에 집에서 이런 일도 할 수 있다면 좋겠는데…' 같은 '덧셈 사고'로 생각하지 말고 여기에서도 '뺄셈 사고'로 생각하기를 추천합니다.

'**출근할 때 하던 일만 할 수 있다면 최소한 성공**'이라고 기준을 조금 낮춰보세요. 아무리 출퇴근 시간을 절약할 수 있다 해도, 출근할 때는 요리도 청소도 전혀 하지 않았던 사람이 재택근무로 바뀌자마자 '해야지' 하고 열심히 할 필요는 없어요. 자신의 페이스대로 재택근무에 익숙해지면 됩니다.

'단번에 너무 무리하지 않는 것'도 중요합니다. 여러분도 경험했겠지만, 집 안일이 '하기 시작할 때까지'의 장벽은 높지만 한번 손을 대면 척척 진행됩니다. 정리도 청소도 '한 번에 오랜 시간 하지 않는다'라는 규칙을 정하고 시작하면 장벽이 낮아집니다.*

* EVIDENCE :

독일은 집안일에 일정량의 규칙을 정한 가정이 많다고 합니다. '화장실 청소는 하루 걸러, 1회 3분 이내에 끝낸다', '3일에 한 번은 외식이나 테이크아웃을 한다' 등입니다. 더 이상 애쓰지 않겠다는 선을 미리 정해놓으면 힘들이지 않고 습관적으로 계속할 수 있습니다. 오랜 시간의 작업으로 피곤해지면 뇌가 멋대로 '이 작업은 힘들다'라고 인식해 다음 번에 행동으로 옮기기 어려워집니다. 기대치를 너무 높이지 말고 습관화될 때까지는 심리적 장벽을 낮춥니다.

방에서 흘러넘칠 정도의 물건을 보고,
'버려야 하는데'라고 고민하지 않아도 괜찮아요!
버리지 않고 물건을 줄이는 '셰어링 방법'을 소개합니다.

PART
4

종이나 옷은 버리지 말고 공유한다

'소유하지 않는' 정리법

Method · 23

공유 사고 ①

일까지 하기엔 좁아도 너무 좁은 방

이 책을 집어든 분 중 '내 방은 충분히 넓다'라고 생각하는 분은 매우 적을 것입니다. 특히 요새는 1인 가구가 굉장히 많은 편이지만 일본은 물론 한국 역시 아직까지 1인 가구가 살 만한 공간은 수요에 비해 공급이 현저히 떨어집니다. 1인 가구의 경우 서울과 같은 대도시뿐만 아니라 중소도시의 경우에도 좁은 방에서 살아갈 수밖에 없습니다.

한국의 경우 2020년 기준 전국에 혼자 사는 인구는 660만여 명입니다. 전체 가구의 30%에 달하는 수치로 역대 최고치죠. 지난해 20~30대 가구의 1인 가구 비중은 2005년에 비해 20%나

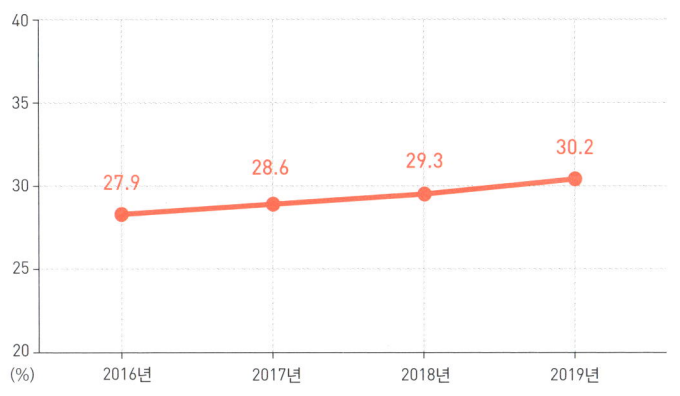

출처: 통계청

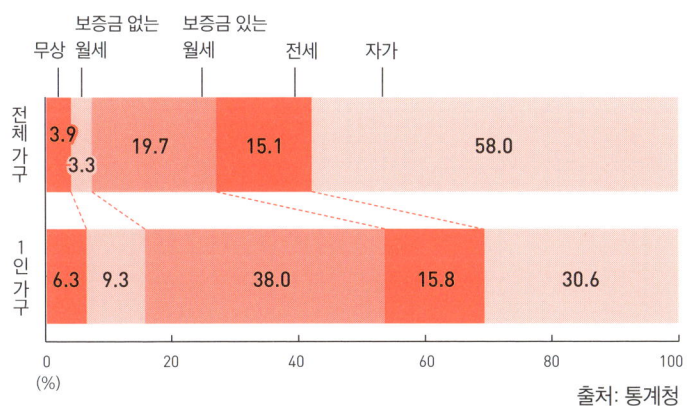

출처: 통계청

증가했으며, 이러한 추이로 보아 20대와 30대 초반 1인 가구의 증가세는 앞으로도 계속될 것으로 보입니다.

하지만 수요에 비해 공급은 턱없이 부족하며 이마저도 '소형 최고급 시설'과 '보급형 원룸'으로 양극화됩니다. 공급이 열악한 실정이다 보니 소위 말해 막 지어도 팔리는 것이죠. 그러다 보니 대부분의 1인 가구, 특히 젊은 1인 가구는 집이라기보다는 좁은 방에 살게 될 가능성이 커지게 됩니다.

'소유한 물건은 전부 정리해서 집에 두어야 한다'라고 생각하는 시점에서 여러분의 소유욕은 주택 사정에 얽매이게 됩니다. 물건에 대한 사랑을 지키고 싶어 입지나 주택 설비를 양보하고 쾌적하지 않은 생활을 하는 것도 정말 안타까운 일입니다.

'소유'와 '정리해서 집에 두는 것'이 양립하기 힘들 때는 둘을 분리해서 생각하는 것부터 시작합니다.

Method · 24

공유 사고 ②

개인 PC 로컬디스크에 데이터를 떠맡기면 언젠가 터진다

여러분은 일하면서 만든 문서 파일을 어떻게 관리하고 있나요?

많은 사람이
- 회사나 부서에서 여러 명이 공유하는 폴더
- 개인 PC 로컬디스크에 보존하는 폴더

이 두 곳에서 데이터를 관리할 거라 생각합니다.

개인 PC에 데이터를 많이 모으는 것은 **비효율적입니다!** 주의하지 않으면 언젠가 PC도, 방도 은연중에 터져버립니다.

데스크톱은 방의 축소판이라 할 수 있습니다.

데스크톱에 데이터가 정리되지 않은 채 흩어져 있는 사람은 방도 꺼내놓은 물건으로 넘칠 때가 많습니다. 로컬디스크에 데이터를 떠맡기지 않고 폴더를 공유하는 버릇을 들입니다. 메모하기 등 언뜻 공유할 가치가 없는 것처럼 보이는 것도 공유 폴더에 넣어두면 언젠가 누군가에게 도움이 될지도 모릅니다.

근무하는 회사의 데이터 정리도 제 업무 중 하나인데, 기본적으로 모든 정보를 공유 폴더에서 공유하기를 추천합니다. 설령 다른 사람이 보지 않는다 해도 보관 장소를 정리하면 자신도 데이터를 찾기가 쉬워집니다.

방의 물건에 대한 사고방식도 기본은 같습니다.

'사용하는 물건=사용자 개인의 방에 둔다'라는 선택지만 있다고 생각하면, 소유욕의 '상한선'이 방의 크기에 따라 제한됩니다. 소유욕에 맞춰 넓은 방으로 계속 이사하는 것도 경제적

이지 않습니다. 그러나

- 사지 않고 사용한다.
- 다 쓰고 나면 판다.
- 가까운 사람에게 준다.
- 기증한다.
- 개인이 아닌 여러 명이 사용하고 공유 보관 장소에 둔다.
- 다음 계절까지 사용하지 않는 물건은 맡긴다.

이런 식으로 소유 형태가 다양해지면 물건의 양과 수납 용량 사이 딜레마가 해결되기 시작합니다. 사무실 비품 관리를 상상하면 공유 사고를 파악할 수 있습니다.

저희 회사에서는 볼펜이나 클립 등 '매일 빈번하게 사용하는 물건'은 개인 책상에 보관하고 문구용품 재고는 부서 공동 선반에 보관합니다. 복사기 위에는 공용 스테이플러와 클립을 두고 영수증 캐비닛 옆에는 공용 풀이 있습니다.

주위에서 책상이 깨끗한 사람의 행동을 관찰해보세요. 공용 물건을 잘 활용하며 개인 책상에 물건을 쌓아두지 않기 위해 연구하고 있을 것입니다. 집도 공유물을 잘 활용하면 깨끗한 방을 유지할 수 있습니다.

나 혼자 물건을 독점하지 않고 '지금 이 순간 어디에 있어야 하는 물건인가?'를 생각하며 제자리를 정하면 방의 넓이와 관계없이 정리가 원활하게 진행될 것입니다.

애착이 가는 물건은 사진을 찍고 SNS에서 가져갈 사람을 모집합니다. 고가의 물건은 플리마켓에 내놓습니다. 또 유모차와 같이 아직 쓸 만한 물건은 주변 사람에게 물려주는 것도 방법입니다.

방에 수납하는 것만이
정리는 아니다

'자주 사용하는 물건은 사용하는 장소 가까이에', '자주 사용하지 않는 물건은 상자에 담아서 백야드에'라는 규칙을 소개했는데, 백야드는 집 안에 한정되지 않습니다.

의류나 이불 같은 계절용품, 캠핑 용품, 스포츠 용품 등 '연간 폴더'에 해당하는 물건을 집에 수납하기 어려운 경우(특히 도시에 사는 사람)에는 택배형 '외부 수납 서비스' 이용을 추천합니다.

간이 창고 서비스는 종류가 많지만,
① 넓은 집으로 이사하는 것보다 저렴하다.
② 맡긴 아이템을 1점씩 관리할 수 있다.

③ 자주 꺼내고 넣을 수 있다.

이런 관점에서 비교 검토하고 선택하기를 추천합니다. 집에 있는 벽장처럼 편리하게 이용할 수 있는 서비스를 선택하세요.

저렴하게 공간을 대여하는 맞춤형 짐 보관 서비스

집에 더 이상 공간이 없을 때 나만을 위한 짐 공간 서비스를 이용해 집 안의 공간을 확보하세요. 대표적인 업체로는 아이엠 박스iambox.co.kr, 미니창고 다락www.dalock.kr 등이 있습니다.

특히 적절한 온도와 습도를 조절한 쾌적한 환경에 짐을 맡길 수 있습니다. 비용은 박스 수나 대여 행거 수, 대여 공간의 크기, 기간에 따라 다르지만 합리적인 가격이라 생각되어 의류와 이불, 크리스마스 용품과 계절 가전 등을 맡기는 사람이 늘어나고 있습니다. 이사 날짜가 맞지 않을 때나 장기간 집을 비울 때 사용하는 경우도 많다고 합니다.

겨울이 가고 봄이 오면 가장 먼저 하는 일이 있습니다. 바로 '겨울옷 정리'와 '봄옷 꺼내기'죠. 그런데 겨울옷 관리와 정리에 부담감을 느끼는 사람이 생각보다 많습니다. 이런 사람들을 위해 한국의 대표적인 세탁 업체인 '크린토피아'에서는 의류 보관 서비스를 실시하고 있습니다. 특히 세심한 관리가 필요한 가죽/모피류까지 보관이 가능해 이용하는 소비자들이 늘어나고 있다고 합니다.

특히 요새는 1인 가구나 2인 가구를 위한 소형 주택에 사는 사람이 많다 보니 부피가 큰 겨울옷 보관에 대한 수요가 증가하고 있습니다. '크린토피아'의 의류 보관 서비스에 세탁물을 맡기면 깨끗이 세탁한 후 장기 보관용 부직포로 포장해 의류 전용 보관 센터에 안전하게 보관합니다. 세탁물 수령 또한 보관 신청 시 받은 문자나 알림톡으로 배송 신청 가능하며 간단하게는 크린토피아 앱에서 기간 연장, 수령 날짜 및 배송 주소도 손쉽게 변경할 수 있다고 합니다.

저는 정기적으로 고객 인터뷰를 진행하고 있는데, 도시를 중심으로 1인 가구부터 대가족까지 폭넓은 사람들이 짐 보관/의류 보관 서비스를 이용하고 있습니다. 특히 '결혼이나 동거로 1인 가구가 2인 가구가 되었다', '2인 가구였는데 출산하면서 3인 가구가 되었다', '지방에서 대도시로 이사해 방이 좁아졌다' 등 라이프스타일의 변화에 맞춰 이용하기 시작했다는 사람이 많습니다.

'짐 보관 서비스'나 '의류 보관 서비스'로 이사하지 않고도 수납 장소를 늘릴 수 있기 때문에 갑작스러운 환경 변화에도 걱정이 없습니다. 다만 맡긴 아이템을 정기적으로 체크하는 것은 잊지 마세요.

거의 입지 않는 옷, 유행을 타는 액세서리, 가방류는 대여하는 것도 좋습니다. 저는 결혼식에 초대받으면 입는 파티용 의상에 대해서는 그다지 취향이 까다롭지 않아 소장하지 않고 대여합니다. 최신 가전제품도 일단 대여해서 사용해본 다음 마음에 들면 구입하고 있습니다. 한국의 대표적인 의류 대여 업체로는 공유 옷장 '클로젯 셰어 www.closetshare.com'가 있는데, 자신의 옷을 대여품으로 내놓아 용돈을 벌 수도 있고 대여해보고 마음에 드는 옷은 구매도 가능합니다. 정수기, 공기청정기 등 가전제품 렌털은 워낙 다양한 업체에서 실시하고 있습니다.

Method · 26
서류 정리법

대량의 서류에서
자유로워지자

　책상 주변을 정리할 때 가장 어려운 부분이 서류 정리입니다. 서류가 깨끗하게 정리되면 여러분의 책상과 머릿속도 개방감을 얻을 수 있습니다. 여기에서는 '공유' 사고로 서류를 정리합니다.(집 안의 서류 정리뿐만 아니라 회사의 책상 정리에도 도움이 될 거예요!)

　먼저 서류를 '실물로 남겨둘 필요가 있는가'라는 관점에서 다음 2가지로 분류합니다.
　① 실물이 없어도 OK인 서류(취급 설명서나 팸플릿 등.)
　② 실물이 없으면 NG인 서류(계약서·증명서·관공서에 신고해야 하는 서류 등.)

그렇다면 하나씩 알아보겠습니다.

① 실물이 없어도 OK인 서류 정리법

여러분의 집에도 실물이 없어도 문제되지 않는 서류가 대량으로 숨어 있을 것입니다. 여기에서는 크게 인터넷으로 얻을 수 있는 정보인지 아닌지에 따라 구분합니다.

- **인터넷에 동일한 정보가 있는 서류**

이런 서류는 망설이지 말고 처분합니다. 실제 서류가 있어야 진행되는 업무는 PC로 세세한 숫자를 입력하는 작업 정도입니다. "배달 전단지는 종이로 보관하면 필요할 때 빨리 펼칠 수 있어 편리하다"는 의견도 있지만, 막상 필요할 때는 쌓여 있는 전단지 중에서 원하는 것을 꺼내기보다 구글Google 검색으로 찾는 게 빠른 경우가 많습니다.

==빈번하게 사용하는 정보는 PC나 스마트폰에서 해당 페이지를 즐겨찾기에 등록하기를 추천합니다.== 가전제품과 가구의 취급 설명서는 보증서 페이지를 잘라놓고 처분합니다. 쿠폰이 붙은 전단

지는 쿠폰 부분만 작게 잘라 파일로 옮기고 기간이 지나면 처분합니다.

• **인터넷에 동일한 정보가 실려 있지 않은 서류**

학교의 가정통신문처럼 A4 용지 크기 1~2매인 서류라면 가정용 스캐너로 데이터화하거나 사진으로 찍어서 PC나 스마트폰으로 관리합니다. 서류 원본은 처분해도 됩니다.

편지나 일기장 등 추억으로 남겨놓고 싶은 물건은 '서류' 분류에서 빼 인형이나 아이가 만든 물건과 같이 '추억 폴더'로 분류합니다. 보관 장소를 나누면 착각해서 버릴 걱정도 없습니다.

주의할 것은 업무용 노트나 세미나 교재입니다. '스스로 열심히 노력한 증거물'을 모두 남겨두는 사람은 실물로 남겨두는 것의 의미를 다시 한번 생각해보세요. 만지면 온기나 애정이 느껴져서 자주 만지고 바라보고 싶은 물건이라면 실물로 남겨두어도 좋습니다. 하지만 '버리는 것이 두렵다'라는 생각 때문에 소유하고 있다면 데이터 형태로 바꿔 방의 공간을 비우는 편이 건강합니다.

② 실물이 없으면 NG인 서류 정리법

이번에는 ② 실물이 없으면 NG인 서류입니다. 이런 서류는 버리면 지장이 있기 때문에 남길 수밖에 없습니다. 실물로 남겨놓은 서류는 크게 2가지로 분류합니다.

- 처리할 예정인 서류(관공서에 제출할 서류, 입학 지원서 등.)
- 보관 의무가 있는 서류(등기사항증명서, 계약서 등.)

- **처리할 예정인 서류**

마감 날짜가 명확한 서류는 '언제 처리할지'를 기준으로 날짜별로 클리어 파일에 넣습니다.(A4 용지 크기라면 플라스틱 파일 케이스도 편리합니다.)

서류의 종류가 섞여도 괜찮기 때문에 '언제 처리할지'를 기준으로 분류하면 처리가 누락되는 것을 방지할 수 있습니다. 처리 일자를 라벨 스티커(혹은 포스트잇)에 써서 붙여두고 스마트폰의 리마인드 기능으로 설정해둡니다. 처리할 서류가 많아 리마인더가 지나치게 늘어나는 사람은 트렐로Trello(호주 회사에서 만든 일정 관리 앱, 일본 자동차 제조 회사에서 생산 일정을 제때 맞추기 위해 시작한 칸반Kanban 스케줄링 시스템을 기반으로 만든 것.- 옮긴이 주) 등 업무 관리 툴을 사용하는 것도 추천합니다.

처리해야 하는 서류를 잊지 않으려고 꺼내놓은 채로 두는 사람이 많은데, 상기시키는 효과는 의외로 낮습니다. 서류가 보일 때마다 '아아, 해야 하는데…'라는 죄책감만 엄습할 뿐 정작 처리해야 할 때는 너무 익숙해져서 존재를 잊어버리기도 합니다. 이래서는 작업이 진척되지 않습니다.

떠올려야 할 때 떠올리면 되므로 자신의 시각이 아니라 스마트폰 앱을 믿습니다. 리마인드 알람을 받을 때까지는 보이지 않도록 서류 보관함 속에 재워놓아도 괜찮습니다.

영수증 같은 자잘한 종이는 지퍼 백에 넣습니다. 가계부를 쓰거나 교통비 정산이 필요한 사람은 영수증을 지퍼 백에 모아두고 시간이 날 때 한 번에 기록하고 처분하면, '늘 영수증이 돌아다니는' 상태를 방지할 수 있습니다.

· 보관 의무가 있는 서류
중요한 서류를 비롯해 몇 년 후까지 보관이 필요한 서류는 클리어 파일 한 권(표지가 두껍고 튼튼한 것)에 항목별로 넣어둡니다.

- 아파트/주택 임대차 계약서
- 자격증명서
- 보험증서
- 각종 보증서

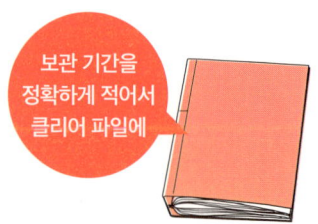

보관 기간을 정확하게 적어서 클리어 파일에

위 서류들은 사용 빈도가 낮기 때문에 세세하게 분류하지는 않습니다. 보증서는 보증 기간별로 한 페이지에 넣고 기간이 만료되면 한 번에 버립니다.

순서도로 정리하면 다음과 같습니다. '남겨둘까, 버릴까'라는 두 축뿐이라면 서류를 정리하기가 어렵겠지만, '데이터라도 OK인가, 종이여야 하는가?', '종이로 남겨둘 필요가 있다면 언제 사용하는 것인가?'로 생각하면 양을 줄이면서 가장 적당한 장소에 보관할 수 있습니다.

One More Advice

개인사업자처럼 보관 의무가 있는 서류의 양이 많은 사람은 '정말로 방에 둘 필요가 있는 것인가?'를 재검토해보세요. 벽장에 가득 넣어둔 서류는 곰팡이와 먼지의 온상이 됩니다. 외부 수납 서비스에 종이 상자 단위로 맡기는 것도 좋은 방법입니다.

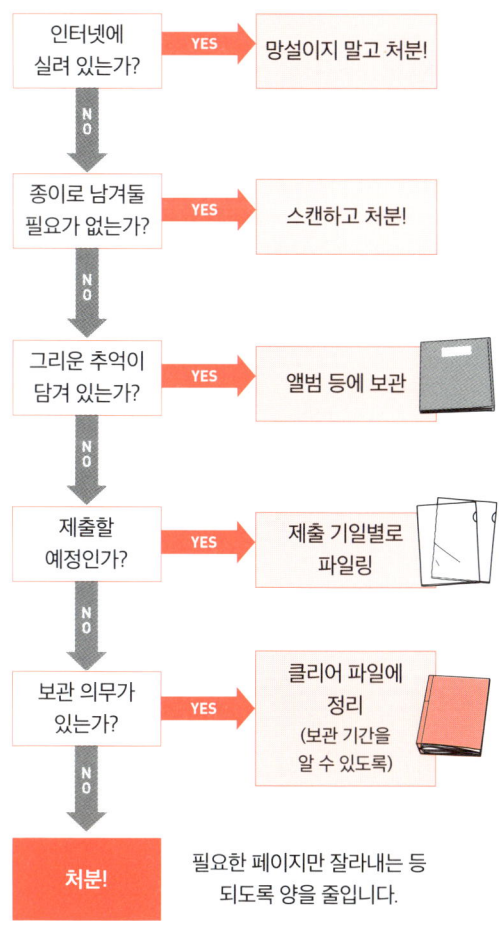

종이나 옷은 버리지 말고 공유한다

책은 한 권도 버리지 않아도 된다

"정리는 냉장고부터 시작하면 좋다"라는 말을 자주 합니다. 식품은 유통기한이 있기 때문에 다른 물건에 비해 버리는 기준이 명확하고 정리하기도 쉽습니다.

그러나 '책'은 난이도가 높습니다. 책을 버리는 것에 대해서 죄책감을 갖거나 저항감이 든다는 사람이 많습니다. 사용 빈도라는 개념도 맞지 않고, '책은 한 권도 버리고 싶지 않아!'라고 생각하는 사람도 있습니다. 걱정하지 마세요. 책은 한 권도 버리지 않아도 괜찮습니다!

먼저 가지고 있는 책을 모두 책장에서 꺼내 한 권씩 손에 들고 그룹을 나눕니다.

제가 정리에 대한 조언을 할 때 자주 사용하는 분류법을 소개합니다. 먼저 '읽은 책', '읽지 않은 책' 2가지로 크게 분류합니다. 그리고 '언제 읽을까?', '왜 중요한가?'라는 이유를 스스로에게 물어보며 8~10개 정도의 그룹으로 나눕니다(STEP 1).

이때 주의할 점은 카테고리로 분류하지 않는다는 것입니다. 대부분의 고객이 만화, 참고서, 원예 등 분야별로 책을 분류하고 있었는데, 분야는 무시하고 '나에게 어떤 존재인가'라는 관점에서 책을 분류합니다.

그리고 의미별로 어디에 배치하는 것이 가장 좋을지를 검토합니다(STEP 2).

'Ⓐ 앞으로 읽으려는 책', 'Ⓑ 읽다 만 책', 'Ⓔ 참고하기 위해 자주 보는 책'은 책장에서 손이 닿기 쉬운 특등석에 두어야 합니다.(저는 욕실에서 독서를 하기 때문에 Ⓐ인 앞으로 읽으려는 책 한두 권을 욕실에 있는 바구니에 둡니다.)

'Ⓖ 문헌으로서 귀중하기 때문에 보관하고 싶은 책', 'Ⓘ 컬렉션으로 수집하고 있는 책'은 자주 꺼내고 넣는 책이 아니므로 상자에 담아서 옷장과 같은 백야드 공간에 둡니다.

책의 '정리+수납'

[STEP 1 책을 그룹으로 나눈다]

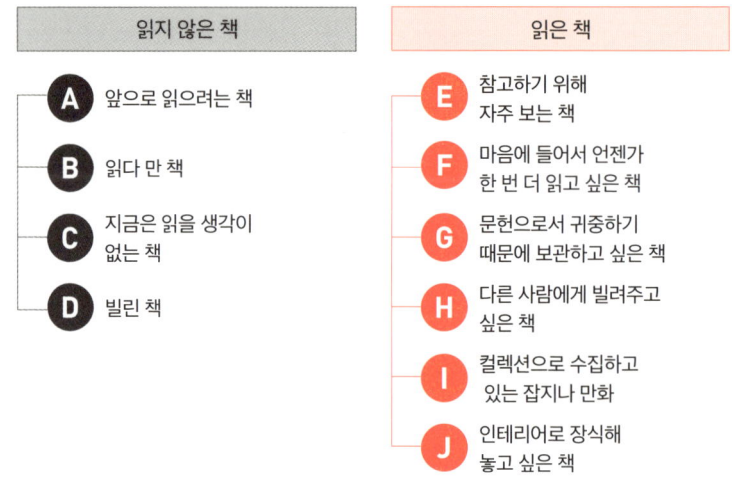

[STEP 2 책장에서 제자리를 결정한다]

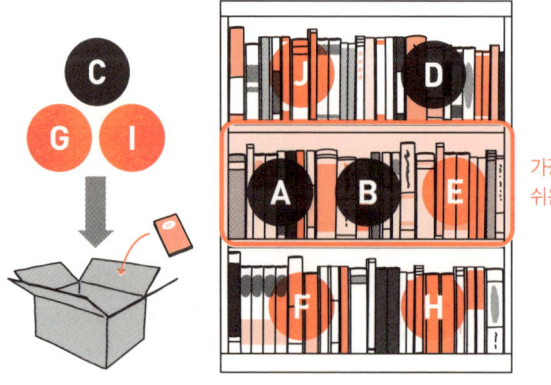

'ⓒ 지금은 읽을 생각이 없는 책', 'ⓓ 빌린 책'이 책장에서 많은 면적을 차지하고 있으면 정신 건강상 좋지 않습니다. 빌린 책은 빨리 반납하고, 읽을 생각이 없는 책은 얼른 다른 사람에게 주거나 파는(혹은 도서관에 기증한다) 것이 좋습니다.

그리고 남은 'ⓕ 마음에 들어서 언젠가 한 번 더 읽고 싶은 책', 'ⓗ 다른 사람에게 빌려주고 싶은 책', 'ⓙ 인테리어로 장식해놓고 싶은 책'으로 책장의 빈 공간을 구성합니다.

계절이 바뀌면 옷장을 정리하듯이 책장도 정기적으로 책을 모두 꺼내 기분 전환을 합니다. 책장을 보면 넋을 잃을 듯한 책으로만 정리된 상태를 만들면 매일 독서가 잘되겠지요.

책의 종류에 따라 전자책과 종이책으로 구분해서 이용하는 것도 좋겠지요.

물건과 마주하는 방법 ①

방에 두는 이유를 말로 설명한다

방에 있는 물건을 하나씩 손에 들어보세요.
그 물건은 왜 그곳에 있는 걸까요?

물건을 소유하는 이유는 기본적으로
- 사용하기 때문에
- 좋아하기 때문에

이 가운데 어느 쪽(혹은 둘 다)입니다.

그 밖에 콤플렉스나 얽매임, 집착으로 버리지 못하는 경우, 처분하기가 귀찮아서 그냥 두는 경우도 있습니다. '사용한다', '좋아한다' 중에서도 사용하는 상황이나 좋아하는 이유 등을 배경으로 분류하면 사람마다 더 세분화되어 있습니다.

- 가족과의 추억이 담긴 물건
- 좋아하는 예술가를 응원하기 위한 물건
- 되고 싶은 내가 되기 위한 자기 투자
- 희소가치가 높은 수집품

한마디로 '좋아하는 물건'의 종류도 여러 가지입니다.

정리의 본질은 소유의 의미와 마주하는 것입니다. 지금 가지고 있는 물건에 대해 "왜?"라는 질문을 반복하며 그 이유에 따라서 최적의 배치를 하면, 방은 사용하기 편리하고 기능적인 공간이 됩니다.

물건의 소유는 선문답에 가깝습니다. ==**"왜 필요한가?"를 반복하며 나와 물건의 관계성을 언어화합니다.**==

예를 들면 '이 스웨터는 입을 계획은 없지만 사랑하는 할머니께서 직접 떠 주신 물건이라 버리고 싶지 않아' 같은 경우입니다. 이 감정을 '사랑'이라고 해야 할지 '얽매임'이라고 해야 할지 스스로도 판단하기 어렵겠지요. 정확하게 분류하기 힘들어도 이렇게 깊게 이유를 생각하면 다음 단계('옷이나 가방을 리폼한다', '소중하게 입을 사람에게 물려준다' 등)를 제안하기가 쉽습니다.

'나는 이런 이유로 이 물건을 가지고 있기 때문에 이렇게 방에 두는 것이 가장 적당하다'와 같이 스스로 납득할 수 있는 이야기를 만듭니다. 한번 정의하면 계절에 따라 옷장을 정리하거나 이사, 라이프스타일의 변화 등 물건과 마주하는 시기에 판단하기가 훨씬 수월할 거예요.

고객의 방을 정리할 때는 비닐 시트를 사등분해서 표를 만들고 물건을 분류하는 경우가 많습니다. 수집품이라면 세로축을 애착, 가로축을 손에 드는 빈도로 정합니다. 자신의 애착 순으로 가지고 있는 물건의 순위를 매기면 가장 좋아하는 수집품을 더욱 신선한 기분으로 마주하게 될 거예요.

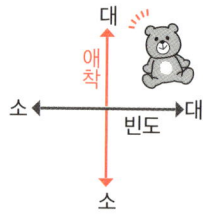

물건과 마주하는 방법 ②

콤플렉스는 공유해서 승화시킨다

'사용한다, 사용하지 않는다'라는 기준은 누구나 객관적으로 판단할 수 있지만, '좋아한다, 좋아하지 않는다'라는 기준에서는 고민하는 사람이 많을 것입니다. 특히 망설이는 것이 **'콤플렉스 때문에 소유하고 있는 물건'**입니다.

지속하지 못한 다이어트 용품, 포기한 자격시험 교재, 말랐을 때 입었던 옷…. 과거의 자신을 부정하는 것 같아서 손에서 놓기가 두려운 마음은 잘 압니다. 하지만 애정과 콤플렉스는 비슷하지만 다른 감정입니다.

콤플렉스 때문에 남겨놓은 물건이 눈에 들어오면 새로운 도전에 대한 의욕을 잃고 방 전체가 불편해집니다. 그렇다고 쓰레기로 버리려니 마음이 아프다면, 적극적으로 셰어를 합니다.

자신은 콤플렉스를 느끼는 물건이라도 누군가에는 동경하는 물건일지도 모릅니다. 조금이라도 망설여지면 중고 사이트에서 같은 아이템을 검색해보세요. 비싸게 팔리면 다른 사람이 원한다는 증거입니다. 반대로 가격이 매겨지지 않았다면 여러분에게도 다른 사람에게도 불필요한 물건일지 모릅니다.

'나는 이 물건을 좋아하는가?'라는 관점만이 아닌 '이 물건은 우리 집에 있는 것이 행복할까?'라는 관점에서도 물건과 마주해보세요.

조금 읽었는데 재미없는 책은 버리지 말고 다른 사람에게 줍니다. 상태가 좋으면 도서관에 기증하고(국립중앙도서관 책다모아), 또 인연이 닿으면 빌리면 됩니다. 주위에서 가져갈 사람을 찾지 못했다면 중고 사이트에 올립니다. 신간이라면 그다지 떨어지지 않은 가격에 판매할 수 있습니다.

Method · 30
가족의 물건 정리

가족의 물건 때문에 힘들어도 불평은 하지 않는다

"배우자가 방을 어지른다", "가족이 협조하지 않아 집을 정리하지 못한다"라고 불평하는 사람도 있습니다.*

그런 경우에는 상대의 생각이나 행동을 바꾸기보다 '가정의 규칙'을 바꿔서 해결합니다. 정리를 잘 못하는 사람에게 정리하라고 말하면 그 자리를 모면하려는 행동을 할 뿐 거의 의미가 없습

---

* **Evidence:** 주식회사 서말리에서 진행한 조사에 따르면, 물건 때문에 다툰 경험이 있다는 부부는 약 70%, 물건에 대한 트러블이 원인이 되어 결혼을 후회하는 부부는 약 50%나 된다고 합니다. 만약 여러분이 물건 때문에 가족과 불편한 문제가 있다면 그건 흔한 일입니다.

니다. 중요한 점은 공동 공간과 개인 공간을 분명하게 구분하고, 개인 공간에 대해서는 서로 참견하지 않는 것입니다.

각자의 방이 있으면 명확하게 공간을 나누기 쉽겠지요. 세면대 등 공동으로 사용하는 장소도 선반의 단별로 수납공간을 나누어 각자가 맡은 공간을 처리하도록 합니다.

'꺼내놓은 채 그대로 둔 물건'은 부부가 의논해서 해결한다

이상하게 배우자의 물건은 자신의 물건보다 눈에 거슬립니다. '꺼내놓은 채 정리하지 않는다'라고 불평하기 전에 '물건을 꺼낸 후 제자리에 돌려놓기 쉬운 환경인가?'를 되돌아봅니다.

배우자가 거실에 옷을 벗어놓는다면 "거실에 세탁물 바구니를 설치할까?"라고 제안해보면 어떨까요? 조미료를 꺼내놓은 채 두었다면, 조미료 케이스에 물건이 가득 차서 되돌려놓기 힘들었는지도 모릅니다. 배우자와 함께 '모두 꺼내기'에 한번 도전해보세요.

여러분이 배우자보다 정리를 잘한다면 상대방에 맞춰 수납의 난이도를 낮춥니다. 아이도 어른도, 정리를 잘하는 사람도 못하는 사람도, 바쁜 사람도 바쁘지 않은 사람도 간단하게 정리할 수 있도록 일반적으로 설계하면 여러분과 가족 모두가 편해집니다.

집의 수납공간은 한정되어 있는데 배우자의 물건이 너무 많아서 점점 더 짜증이 나는 사람도 있을 겁니다. 그럴 때는 공간을 균등하게 분배한 후 물건이 적은 사람이 많은 사람에게 장소를 양보합니다.

두 사람 모두 물건이 많다면 사용 빈도가 낮은 물건은 외부 수납 서비스에 맡깁니다. 출산처럼 '이사하기는 힘든데 가족의 물건이 늘어나는' 시기에도 이 방법이 유용합니다.

부부가 서로 이야기하다 큰 싸움으로 발전하기도 합니다. 도저히 해결하기 힘들면 저와 같은 정리 수납 어드바이저에게 상담해주세요. 제삼자가 객관적으로 지적하면 기분 좋게 규칙을 받아들일지도 모릅니다.

Daily Life

미니멀 라이프와 정리정돈, 가족과 함께하면 효과는 두 배

같은 종류의 물건도 사용 빈도에 따라 분류

'공부시간 확보'라는 명확한 이유로 미니멀 라이프를 시작했다. 그렇다고 해서 극강의 미니멀 라이프는 아니다. 내가 편하고 나를 돕는 '라이프' 위주로 실천하고 있기 때문이다.

물건을 정리하면서 사용 빈도가 낮다고 무조건 비우지는 않는다. 언젠가는 꼭 쓰일 물건은 따로 보관한다. 즉, 자주 사용하는 물건과 사용 빈도가 낮은 물건은 종류가 같아도 한 곳에 두지 않는다. 실제로 물건이 많아 번잡하다고 느끼는 경우도 있지만, 빈도를 고려하지 않고 종류로만 묶어 보관하기 때문인 경우도 많다.

예를 들어 매일 사용하는 가방은 손이 잘 가는 장소에 걸어두고, 중요한 자리에 갈 때 가끔 드는 가방은 화장대의 빈 수납장에 넣어둔다. 이렇게 분리해두면 공간이 번잡하게 느껴지지 않는다.

모든 물건의 자리를 잘 잡아둔 덕에 가족들이 물건을 찾지 못하는 일은 없다. 딸아이도 학기 초와 말에만 사용하는 보조가방은 빈 수납장에 잘 보관했다가 필요할 때 꺼내어 쓴다. 물건이 제자리에 있다는 사실 하나만으로도 온 가족이 편안할 수 있다.

비워냄은 내 영역의 물건부터 시작

비워낼 전집 중 아이가 고른 남길 책 두 권

처음에는 내 영역의 물건과 가족의 의견을 묻지 않아도 되는 부엌, 집 안 살림살이 정리부터 시작했다. 남편이 살림살이에 관심이 없어 쉬웠는지도 모르겠다.

그렇게 내 물건의 정리가 끝날 때쯤 아이들 물건으로 넘어갔고, 그사이 아이들은 생각하고 판단할 수 있는 나이가 되었다. 아이들의 물건은 그들의 것이라는 생각에 아이들 물건을 정리하고 비울 때는 항상 함께했다. 아이들은 생각보다 장난감에 대한 애착이 크지 않았고 엄마인 나보다 더 쉽게 비워내기도 했다. 그렇게 비워지는 장난감을 보며 아이들은 다음 장난감을 고를 때 오래 가지고 놀 수 있는 것인지 고민하기 시작했다.

나는 서른이 넘어 물건에 대한 마음이 욕구인지 필요인지를 구분하기 시작했다면, 우리 아이들은 초등학생이 되기 전에 비움을 접했고 물건에 대해 생각할 수 있는 기회가 주어진 것이다. 학교에서 배우는 교육도 좋지만 내 물건에서부터 '주체적'이어보는 경험. 이 또한 가치 있는 교육이라 생각한다.

가족의 물건 비우기는 제안만, 결정은 스스로!

물건을 비워내다 보면 가족과 갈등을 겪기도 한다는데, 나는 미니멀 라이프를 4년간 지속하는 동안 가족과 갈등은 없었다. 비움의 대상이 '나'의 물건에 한정되었기 때문이다. 가족의 물건으로 넘어갈 때는 강제하지 않고 제안만 하며 선택은 그들이 하게 했다.

나에게 미니멀 라이프는 귀한 시간을 만들어주고 꼭 필요한 물건을 남기는 것이었다. 비움으로 얻을 수 있는 넉넉함도 즐겼지만 나를 불편하게 하는 비움은 하지 않았다. 그래서 '비움'의 기준이 높지 않았다. '다 버리고 싶다' 혹은 '빈방이 좋다'라는 마인드가 아니었기 때문에, 내 기준에는 많은 옷을 가진 남편의 옷장도 무작정 비워버리고 싶은 물건들은 아니었다. 다만 '계절 옷 정리 시 시간이 너무 많이 드는 일!' 정도로 다가왔고, 이를 남편에게 설명했다. 정리가 힘드니 입지 않는 티셔츠와 청바지는 조금 비워보는 것이 어떻겠냐는 제안에 몇 년간 미동도 하지 않던 남편이 입지 않는 바지를 몇 벌 비워냈다. 그 후 남편은 싸다고 무작정 옷을 사는 일은 없어졌다. 이렇게 '비움 경험'은 중요하다.

홈 오피스, 있으면 좋지만 현실적으로 어렵다면

나는 1인 기업 대표, 작가, 강사 등 여러 가지 일을 한다. 대부분 일을 집에서 처리하는데 이동 시간도 아낄 수 있어 집에서 일하는 것이 편하다.

하지만 얼마 전 사람들이 집이 아닌 다른 공간을 원하는 이유 중 하나가 내 공간에 대한 '정리의 부담'이라는 사실에 놀랐다. 나와 얘기를 나눈 분은 미니멀 라이프 실천 후 공간이 정리되면서 집에서 보내는 시간이 편해져 집에서 일을 하기 시작했다고 했다.

현재 우리 집에는 나만의 홈 오피스가 존재하지만 사실 가족과 함께 사는 곳에서 방 하나를 온전히 내 공간으로 만들기는 쉽지 않다. 그럴 때는 거실 한쪽, 방의 한 공간에라도 '나만을 위한 공간'을 마련해보자. 나 또한 이전에는 거실 테이블 한쪽이 내 공간이었다. 언제든 앉으면 글을 쓰고 독서를 할 수 있도록 세팅해두었다. 그리고 가족들에게도 이곳은 내 공간이라고 말했다.

그동안 집 안에 내 공간이 없었던 것이 아니라 나만의 공간을 확보하려는 생각 자체를 못 했던 것은 아닐까?

+ 홍은실

인스타그램(@wiselife_rina)에서 '슬기로운 엄마 생활'이라는 주제로 콘텐츠를 발행하고 있는 마이크로 인플루언서이자 〈슬기로운 미니멀 라이프〉(21년 5월 출간, 루리책방) 저자. 생존 미니멀이라는 나만의 방식으로 나의 삶을 돕고 있다.

방이 정리되면 드디어 집중할 수 있는 방을 만듭니다.
재택근무를 하는 사람, 집에서 공부하는 사람은 꼭 보세요.
집중력이 10배 올라가는 방 만들기의 포인트를 소개합니다.

PART 5

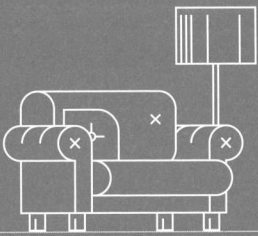

여러분의 방에도 서재를 만들 수 있다
고메다식 '정신과 시간의 방*' 만드는 방법

* '정신과 시간의 방'은 만화 〈드래곤볼〉에 나오는 시간이 천천히 흐르고 아무것도 없어 수행에 집중하기 좋은 방.

Method · 31
서재 만들기

0.5평이면 일할 수 있다

만화《드래곤볼》에 나오는 '정신과 시간의 방'을 아시나요? 그 방에서는 외부 세계보다 시간이 천천히 흐르고, 아무것도 없는 공간에서 손오공과 베지터가 집중해서 수행에 힘씁니다. '정신과 시간의 방'이 우리 집에도 있었으면…. 이런 꿈을 꾼 사람이 많을 것입니다.

'우리 집은 너무 좁아서 일할 수 있는 공간 따위는 없어.'
'아이가 크면서 내 방이 없어져 절대 무리야!'
이렇게 생각하는 여러분, 포기하지 마세요!

0.5평만 있으면 서재를 만들 수 있습니다.
거짓말이 아닙니다.

주택 설계에서는
- 0.5평이면 최소한
- 1평이면 충분히
- 1.5평이면 호화롭게

서재 공간을 만들 수 있습니다.

혼자 사용하는 방이 없어도 책상과 의자, 작은 공간 박스만 있으면 간이 서재를 만들 수 있습니다. 0.5평 서재의 배치는 1급 건축사인 히로 씨가 경영하는 Sekkei Support에 공개된 방 배치를 참고해서 소개합니다.

카페에서 업무를 보는 사람도 많습니다. 개방감 있고 넓다는 인상을 받기 쉬운데, 일반적인 카페의 경우 1평당 2석 정도라고 합니다. 1석당 0.45평입니다. 자신이 사용할 수 있는 공간이 0.5평도 안 되는 것이죠.

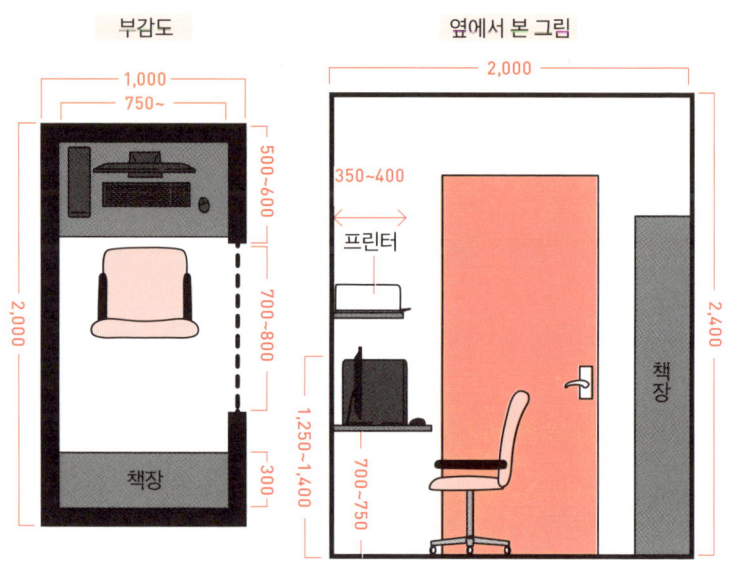

※ 책상 크기는 가로 75cm, 세로 50~60cm면 충분합니다. 의자를 앞뒤로 움직일 수 있는 범위는 70~80cm로 설정하면 OK! ('Sekkei Support' 홈페이지를 바탕으로 작성.)

0.5평의 공간은 간단히 만들 수 있다

    침실이나 거실, 주방 한구석 등 집 안에서 0.5평의 공간을 찾아봅니다. 공간이 확 떠오르지 않아도 포기하지 마세요. 사용하지

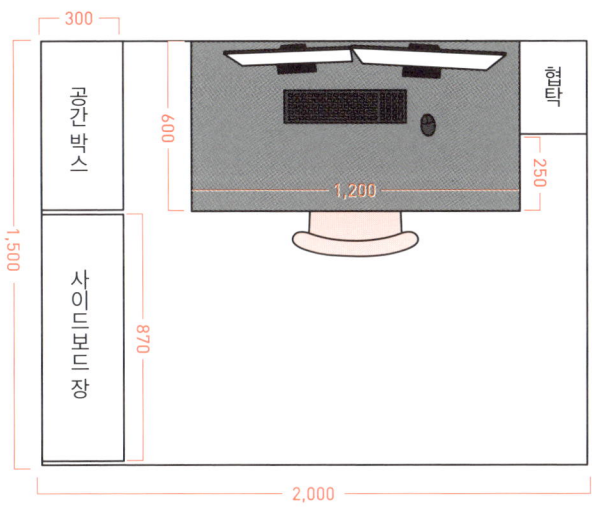

않는 운동 기구, 이사 후 열지 않은 종이 상자, 계절에 맞추어 옷장을 정리하는 리빙 박스 등 '현재 사용하지 않는 물건'을 옮기면 0.5평은 짜낼 수 있습니다.

거실처럼 가족이 공동으로 사용하는 공간에 서재를 만드는 경우 이동식 파티션으로 공간을 구분하는 것도 좋습니다.
앞쪽은 저희 집 작업 공간의 모습입니다. 방을 '업무·공부' 중심으로 꾸며 조금 넓게 0.8평분의 공간을 사용하고 있습니다. 일이 끝나면 의자를 제자리에 돌려놓고 러그에 앉아 운동을 하거나 TV를 보면서 느긋하게 쉽니다.

서재 공간을 찾을 때는 콘센트 위치도 함께 확인하세요. 배치할 때는 책상을 벽이나 창문 쪽으로 두면 작업 중에 인기척이 덜 들려서 좋아요.

Method · 32
바로 집중하는 기술

'가볍게 말을 걸지 못하도록' 나만의 공간임을 선언한다

거실에서 일을 하는 사람이 많은데, "가족들이 눈앞으로 지나다녀 신경 쓰인다", "아이가 떠들어서 도무지 집중할 수 없다"라고 불만을 표출합니다.

그런 사람은 집 안에 '성역' 만들기를 추천합니다. 개인 공간의 넓이는 개인차가 있는데, 설령 가족이라도 자신만의 공간에 들어오면 집중력이 떨어집니다. 물리적으로 집의 바닥 면적은 늘리지 못하더라도, 업무에 집중할 수 있는 '성역'을 만들면 심리적으로 방이 넓게 느껴집니다.

의식적으로 자신의 영역을 만들 때 유용한 것이 '러그'입니다.

책상을 둘러싸듯이 조금 여유를 두고 러그를 깔아주세요. 가구나 식물을 표지로 사용해도 좋습니다. '업무 중에는 이 공간 출입 금지'라는 규칙을 미리 가족들과 공유합니다.

애써서 성역을 만들어도 그 공간에 옷이나 취미용품이 널려 있으면 집중력이 흐트러집니다. 성역 입구에 커다란 라탄 바구니를 두고 '성역 안에서 꺼낸 물건은 즉시 이 바구니에 던져 넣는다'라는 규칙을 만들면 바빠도 어질러질 걱정이 없습니다.

시각적으로도 1인 공간처럼 만들어 집중하고 싶은 사람은 가정용 접이식 파티션을 추천합니다. 합리적인 가격대로 살 수 있을뿐더러 급하게 화상회의를 할 때도 방의 모습이 보이지 않아 편리합니다.

업무 상황을 가시화한다

공간 확보와 동시에 말을 걸지 않았으면 좋겠다는 시간을 가시화하는 것도 중요합니다.

PART 2(102쪽)에서도 이야기했지만, 업무 중에 다른 사람이 말을 걸면 작업 효율이 크게 떨어집니다. 그러나 가족 입장에서는 온종일 소리를 내지 않고 말을 걸면 안 되는 상황을 강요받으면 생활하기 힘듭니다.

자신의 작업 내용을 이해하기 쉽게 가시화하면 가족들에게 폐를 끼치지 않고 기분 좋게 지낼 수 있습니다.

예를 들면 색도화지를 사용해 자신의 업무 상황을 시각적으로 분명하게 나타내는 방법입니다. **빨간색은** '화상회의·통화 중'. 이때는 청소나 세탁 등 소리가 나는 집안일 전체를 피하고, 사전에 시작 시간이 정해진 회의는 아침에 가족들에게 알려둡니다.

노란색은 '집중하고 싶은 업무 중'. 말을 걸거나 TV를 켜는 등 산만해지는 행동은 피해달라고 합니다.

파란색은 메일 확인 등 '간단한 업무 중'. 이 시간에는 소음도 OK. 가족들도 편안하게 지내게 합니다. 색도화지가 아니라 라인 스티커 등으로 현재 상황을 공유해도 됩니다.

가정의 주택 사정에 따라 개인 방이 없는 사람도 많습니다. 방이 없어도 '성역+가족에게 의사 표시'로 개인 방에 가까운 환경은 재현할 수 있습니다.

좁더라도 개인 방에서 일하고 싶은 사람은 침실 배치를 연구해서 0.5평분의 공간을 확보할 수 있는지 검토해보세요. 붙박이장을 서재로 사용하는 사람도 있습니다. 물건을 옮기면 0.5평분의 공간은 틀림없이 짜낼 수 있습니다! 포기하지 말고 도전해보세요.

노이즈 캔슬링 이어폰은 업무에 집중할 수 있을 뿐만 아니라 가족들도 '이어폰을 꽂고 있을 때는 되도록 말을 걸지 않는다'라고 알기 쉬워 추천합니다.

책상과 의자 선택 방법

'번아웃증후군'은
책상과 의자의 높이로 방지

"사무실보다 집에서 일할 때 더 오랜 시간 일한 것처럼 느껴지고 쉽게 피로해진다"라는 이야기를 많이 듣습니다. '역시 내겐 동료들과의 회의가 필요해'라고 결론을 내리는 사람도 많은데, 이는 책상과 의자가 여러분의 앉은키에 맞지 않는 것뿐입니다.*

번아웃증후군은 '지금까지 열심히 일에 몰두하던 사람이 갑자기 열의와 의욕을 잃어버린' 상태를 가리키는 말입니다. 무기력해지고, 감동이 없고, 일에 대한 의욕과 열정을 느끼지 못하며, 상대방에게 거칠게 대응하는 징후가 나타납니다.

누구에게나 일어날 수 있는 일인데, 책상과 의자의 높이를 조절하면 미연에 방지할 수 있습니다.

책상과 의자의 높이를 조절하자

아래에서 언급한 연구에서는 피험자 중 책상이나 의자 자체에 불만이 있는 사람은 두 그룹 모두 차이가 없었습니다. '책상이나 의자 자체가 나쁜 게 아니라 프리어드레스 형식은 미세한 높이 조절을 소홀히 했기 때문에 발뒤꿈치가 떠 있었다'라고 결론지었습니다.

---

* **Evidence:** 산업위생학 잡지에 실린 [<프리어드레스 형식 사무실 배치에서의 VDT 작업자의 자세 및 신체적 피로감> 2006년(※)]이라는 논문에서 대단히 흥미로운 결과가 밝혀졌습니다. 이 연구에서는 시스템 엔지니어로 일하는 사람을 대상으로 지정석과 프리어드레스 좌석(지정석 없이 스스로 좌석을 선택하는 형식) 두 그룹으로 나누어 각각 작업 시간과 스트레스·피로의 관계성을 조사했습니다. (※독립행정법인 산업의학종합연구소)
그 결과 프리어드레스 그룹은 발뒤꿈치가 뜬 자세로 작업하는 사람이 많아 눈의 통증, 목과 어깨 결림 외에 오래 일한 데 따른 '정신적 피로'도 증상으로 나타났습니다. 이들 증상이 쌓이면 '번아웃증후군'으로 이어집니다.

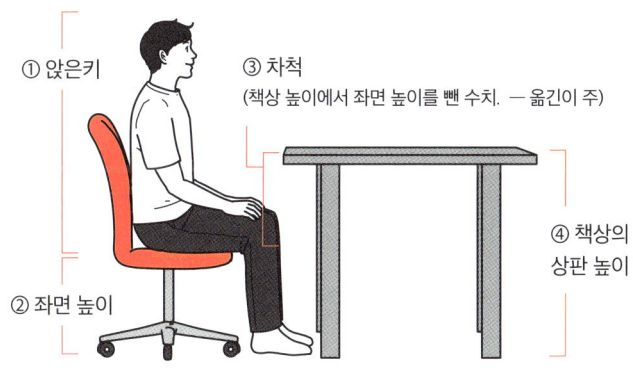

책상 높이에서 이상적인 좌면 높이
(앉았을 때 지면과 의자 밑면 사이의 길이. ― 옮긴이 주)를 구하는 공식

① 앉은키
③ 차척
(책상 높이에서 좌면 높이를 뺀 수치. ― 옮긴이 주)
② 좌면 높이
④ 책상의 상판 높이

문서 작업인 경우: ③=①÷3-1cm
컴퓨터 작업인 경우: ③=①÷3-6cm
이상적인 좌면 높이 ②=④-③

여러분의 책상과 의자의 높이는 몇 센티미터입니까?*

앞쪽의 그림은 바우휴테 웹 사이트에서 인용했는데, '차척=앉은키÷3-6cm' 정도가 이상적이라고 합니다.

저는 키 162cm, 앉은키 80cm이기 때문에 컴퓨터 작업을 할 때는 시뮬레이터에 따른 좌면 높이 42cm(책상 높이는 63cm)가 가장 알맞습니다.

---

* Evidence: 일본 사무용가구협회JOIFA에 따르면 '가장 알맞은 책상의 높이'는 1971년에는 70cm, 1999년 이후로는 72cm라고 합니다. 그래서 시중에서 판매하는 책상의 높이는 70~72cm가 일반적입니다.
다만 이 책상의 높이는 문서 작업이 중심이던 시대에 책정했습니다. 컴퓨터 작업이 주류인 지금은 5cm 정도 낮게 조절하는 게 좋습니다. 키가 162cm인 저는 높이가 70cm인 책상은 사용하기가 조금 힘듭니다.
책상 높이 계산에는 게이밍 가구 업체 바우휴테Bauhutte의 웹사이트를 참고했습니다. 키를 입력하면 알맞은 책상과 의자의 높이가 표시되는 시뮬레이터도 있으니 꼭 사이트에 방문해 체크해보세요.
https://www.bauhutte.jp/bauhutte-life/tip2

세로 길이는 모니터 크기로 결정한다

　책상과 의자를 새로 살 예정이라면 높낮이가 조절되는 책상과 의자를 추천합니다. 현재 사용하는 책상 높이가 키에 맞지 않으면 '발 받침대'로 조절합니다. 저렴하게 구입할 수 있고, 집에 있는 쿠션이나 나무 발판 등을 쓸 수도 있습니다.

　발뒤꿈치가 떠 있는 상태로 계속 앉아 있으면 허리 통증의 원인이 됩니다. 깊숙이 앉아도 발꿈치가 뜨지 않도록 의자의 높이를 조절하거나 발 받침대를 활용해 좌면 높이를 조절합니다.
　저는 플렉시스팟Flexispot의 전동 높이 조절 책상을 사용하고 있습니다. 리모컨으로 63~126cm 범위에서 간단하게 높이를 조절할 수 있어 PC를 사용할 때는 64cm, 책으로 공부할 때는 70cm로 구분해서 이용하고, 회의할 때는 높이를 106cm로 조절하고서 사용합니다.

　책상의 높이는 1cm 단위로 조절해야 하지만, 가로와 세로 길이는 조금 융통성을 가져도 괜찮습니다. 일본 사무용가구협회에 따르면 책상의 가로 길이는 100cm, 세로 길이는 60~70cm가 사무실 배치에서 가장 알맞다고 합니다. 하지만 이때는 작업 공간이 상당히 넓어야 합니다.

집 안의 작업 공간이 조금 아담하다면 이 정도의 세로 길이를 바라기는 어렵겠지요. 소형 모니터나 노트북으로 작업한다면 가로 길이 70cm×세로 길이 45cm면 여유롭게 작업이 가능합니다.

평소 사무실에서 대형 모니터를 사용해 작업한다면 모니터 크기에 맞춰 책상의 세로 길이를 결정합니다. 저희 집에서는 에이조 EIZO 23.8인치 모니터와 노트북을 듀얼 모니터, 한 대의 컴퓨터에 두 대의 모니터를 연결해서 사용하는 것를 사용하는데, 책상의 세로 길이는 68cm입니다.(184쪽 사진 참고.)

― One More Advice ―

허리 통증이나 어깨 결림은 재택근무의 강적입니다. 책상의 높이가 1cm만 맞지 않아도 업무 능력이 크게 떨어집니다. 자로 꼭 책상과 의자의 높이를 측정해보세요.

Method · 34

소형 디지털 기기 선택 방법

자신에 대한 보상으로
양질의 키보드를

　책상 주변 아이템인 소형 디지털 기기는 판매하는 종류도 많고 사람마다 취향도 다릅니다. 한꺼번에 사서 갖추려고 마음먹으면 비용이 많이 드는 것은 물론 너무 많아서 책상 위에 그냥 두는 물건이 늘어나 주객이 전도됩니다.

　모든 것을 한꺼번에 갖출 필요는 없습니다. 정말로 필요한 것을 하나씩 구입해서 채워도 됩니다. 구입했는데 맞지 않는다는 생각이 들면 얼른 중고 사이트에서 판매하고, 신상품을 사면 전에 쓰던 기기는 다른 사람에게 주거나 판매합니다.

　다음 쪽에서 저희 집의 책상 주변 아이템을 소개합니다.

집중력이 올라가는 최강의 소형 전자 기기 포진(저자의 예)

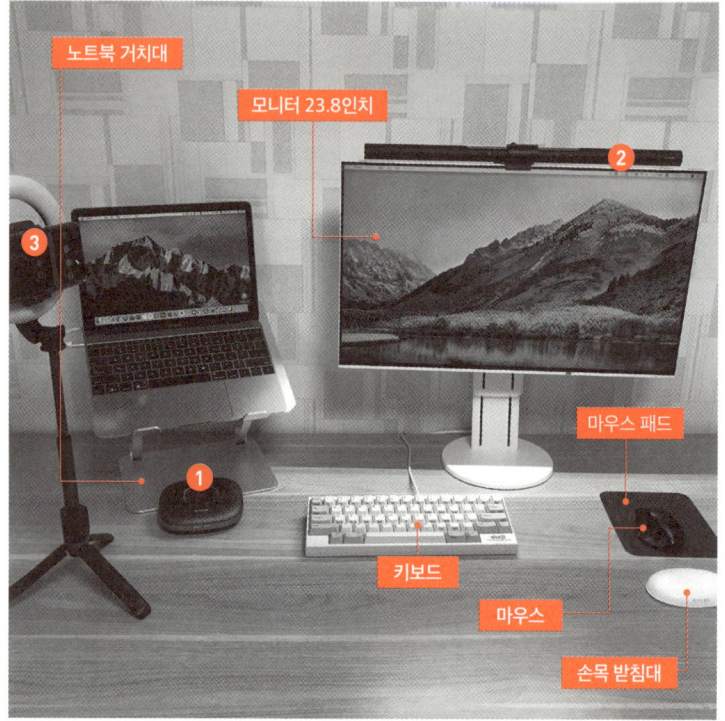

화상 회의용 도구
❶ 스피커폰
❷ 걸이식 조명
❸ 촬영용 블루투스 셀카 봉

무엇부터 갖추면 좋을지 망설여진다면 오랜 시간 만지는 '키보드'를 일순위로 추천합니다. 재택근무에서는 채팅이나 메일로 의사소통을 하는 시간이 길어집니다. 자신이 사용하기 편한 키보드를 선택해야 합니다.

가격은 저렴한 것부터 비싼 것까지 폭이 넓지만, 오래 사용하는 물건인 만큼 큰마음 먹고 좋은 것으로 구입합니다.

저는 동료 엔지니어가 추천한 해피해킹 키보드 프로페셔널 2[HHKB^{Happy Hacking Keyboard} Professional2]를 구입했는데, 하루에 1만 자를 입력해도 손이 전혀 피곤하지 않습니다!

화상회의를 많이 하는 사람은 마이크, 보조 조명, 카메라를 추가로 구입해도 되겠지요. 소형 디지털 기기는 공간을 효율적으로 활용해 책상을 넓게 쓸 수 있는 제품이 좋습니다. 벤큐BenQ의 걸이식 데스크 라이트는 모니터에 거는 타입이라서 책상 공간을 차지하지 않아 편리합니다. 모니터 거치대를 이용해 모니터 자체를 띄우는 것도 좋습니다.

Method · 35
어댑터 정리법

계속 늘어나는 어댑터를 깨끗하게 정리한다

작업시간 5분   재택근무를 시작한 사람들이 "어댑터나 전선 종류가 너무 많아서 곤란해!"라는 말을 많이 합니다. PC 충전, 모니터 등에 사용하는 AC 어댑터가 늘어나 관리에 어려움을 겪는 사람도 많지 않을까요.

일을 하려고 하면 갑자기 용도를 알 수 없는 어댑터가 나오기도 합니다. '이거 본체는 어디 있더라?', '와이파이 공유기 비품 같은데…' 등 도저히 업무에 집중하기가 힘듭니다. 모든 종류의 어댑터를 대충 관리하고 있기 때문에 일어나는 일입니다.

항상 사용하는 어댑터와 그 이외의 어댑터는 분리해서 관리합니다.

늘 사용하는 것은 모니터 전원, 노트북 어댑터, 스마트폰 충전 케이블 등입니다. 이것들은 아래 그림과 같은 '콘센트 정리함'에 하나로 모아 엉키지 않게 정리합니다.

먼지가 쌓이기 쉬우므로 정기적인 걸레질은 필수입니다. 책상에 케이블 오거나이저나 금속 망을 설치하고 배선을 띄워서 수납하는 방법도 추천합니다.

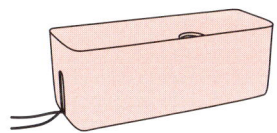

매일 사용하지 않는 어댑터는 소분해서 수납

매일 사용하지 않는 어댑터는 용도별로 투명한 지퍼 백에 소분해서 수납하고, 사용 후에는 매번 콘센트에서 빼 다시 지퍼 백에 담아놓습니다.(사용한 후 꽂아놓지 않도록!) 여러 종류를 같은 지퍼 백에 넣지 말고 'PC 용품', '카메라 용품', '스마트폰 용품' 등 용도별로 소분해서 라벨 스티커를 붙여두면 한눈에 내용물을 알 수 있습니다.

거의 사용하지 않지만 별도로 구입하기 어려운 어댑터는 하나씩 지퍼 백에 담아 일단 벽장에 넣습니다. 특히 사용 빈도가 낮은

| 어댑터 수납의 좋은 예와 나쁜 예 |

✗ 나쁜 예

○ 좋은 예

가전제품의 어댑터는 마스킹테이프로 본체에 붙여서 같은 장소에 보관하면 잃어버릴 걱정이 없습니다.

반년이 지나도 사용할 기미가 없는 어댑터는 과감하게 처분합니다. 임대 주택의 경우 와이파이 공유기나 주택 비품 등 버리면 문제가 될 것 같은 물건은 집주인에게 확인한 뒤 처분하세요.

어댑터 종류가 바닥에 어질러져 있으면 먼지의 온상이 되어 화재의 위험으로 이어집니다. 매일 연결하는 것과 그 외의 것으로 나누어서 깨끗하게 관리합니다.

[어댑터 관리법]

STEP 1 매일 사용하는 어댑터와 가끔 사용하는 어댑터를 나눈다.

STEP 2 매일 사용하는 어댑터는 콘센트 정리함으로 관리한다.

STEP 3 가끔 사용하는 어댑터는 투명한 지퍼 백에 소분해 사용할 때마다 꺼내고 넣는다.

STEP 4 반년 이상 사용하지 않는 어댑터는 과감하게 버린다.

One More Advice

사무실이나 집 등 여러 장소에서 어댑터나 소형 디지털 기기를 사용하는 사람은 컬러 클립이나 밴드를 어댑터 개수만큼 준비합니다. 하나씩 묶어서 투명한 지퍼 백에 넣으면 엉키지도 않고 잃어버리는 것도 방지할 수 있어요.

Method · 36

업무 관리

냉장고를
집안일의 스케줄 보드로 만든다

작업시간 2분 아무리 방을 정리해도 재택근무에는 많은 유혹이 따릅니다.

특히 집안일에 대한 죄책감에는 각별한 주의가 필요합니다. 업무 중에 문득 '빨래해야 하는데', '관공서에 전화하는 걸 잊었네'라는 생각이 들면 집중력이 끊깁니다.

끝내지 않은 집안일이 떠오르면 물리적으로 아웃풋을 합니다. 그럴 때 유용한 것이 '냉장고'입니다. 저는 냉장고를 집안일의 스케줄 보드로 활용하고 있습니다. 메모장·마그네틱·볼펜을 바구니에 넣어 냉장고 위에 두고 '이 식재료를 산다', '설거지를 한다',

'밥을 짓는다' 등 생각나는 집안일의 내용을 메모장에 적어 냉장고에 붙여둡니다. 냉장고는 몇 시간에 한 번씩 열기 때문에 그때마다 눈에 보여 잊을 걱정이 없습니다.

업무 중에 갑자기 다른 일이 생각나면 작업 효율이 떨어집니다. 냉장고를 스케줄 보드로 잘 활용해서 '적어놓고 곧장 집안일은 잊어버리는' 기술을 습득합니다.

단, 할인 쿠폰이나 지역의 공지사항 등 뭐든 냉장고에 붙이는 것은 추천하지 않습니다. 냉장고를 열 때마다 잠재의식에서 붙어 있는 전단지에 대해 생각하기 시작합니다. 냉장고에는 최소한의 메모만 붙입니다. 그 메모도 하루의 끝(혹은 아침)에 다시 보고 끝낸 일이나 불필요한 메모는 처분합니다.

'월요일에 쓰레기 버리기', 'O일은 딸 입학식' 등 날짜가 정해진 일은 스마트폰 달력에 등록&리마인드 설정을 해두어도 좋습니다.

Method · 37
방의 재배치

작업 내용에 따라
방의 배치를 살짝 바꾸어 효율 UP

본격적으로 재택근무를 도입한 사람이라면 집에서 7시간 정도 (길면 12시간) 쭉 집중해야 합니다.

사무실에서 일할 때는 책상, 회의실, 휴게실 등 업무 공간을 구분해서 사용하며 기분 전환을 할 수 있지만 집에서는 그게 되지 않습니다. 아무도 말을 걸지 않고 눈에 들어오는 풍경도 기본적으로 같기 때문에 사무실에서처럼 집중했다가 기분 전환을 하는 데 한계가 있습니다.

집에서도 일을 유연하게 하기 위해서는 '변화'가 필요합니다. 그러면 방의 배치를 조금 바꾸면 어떨까요? 저는 작업 내용에 따라 환경을 바꿉니다.

① 사무 작업을 할 때

경비 처리나 무엇인가를 베껴 쓰는 등 집중해서 작업하고 싶을 때는 눈에 들어오는 물건을 0으로 만듭니다. 책상 위의 물건을 깨끗하게 치우고, 의자 주변 바닥도 정리해서 의자를 자유롭게 움직일 수 있는 공간을 확보합니다. 책상 위가 0인 상태를 '기본'으로 삼는 것이 중요합니다.

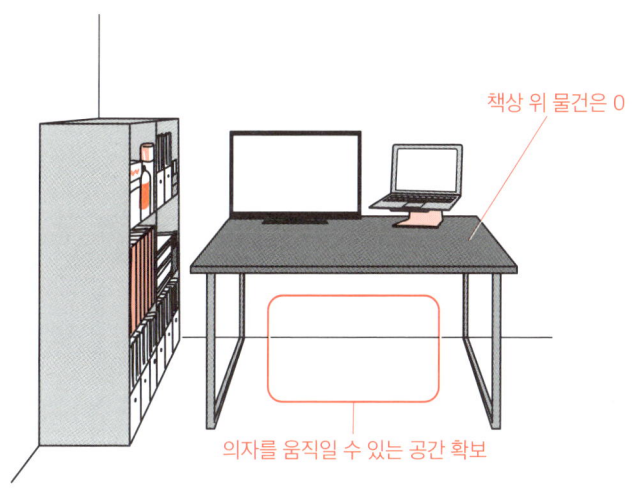

② 창의적인 작업을 할 때

기획서 작성이나 새로운 아이디어의 브레인스토밍 같은 창의적인 작업을 할 때는 의도적으로 주변에 물건을 두고 어지럽힙니다. 관련된 책이나 휴식 용품, 인형 등 '적당히 다른 물건'을 시야에 두어 발상을 활성화시킵니다.*

집중력과 창의력은 상반되는 부분이 있습니다. 한 가지 일에 집중하면 작업 효율이 올라가지만, 새로운 생각은 여러 가지 일에 대해 막연하게 이런저런 생각을 할 때 갑자기 떠오르기 쉽습니다.

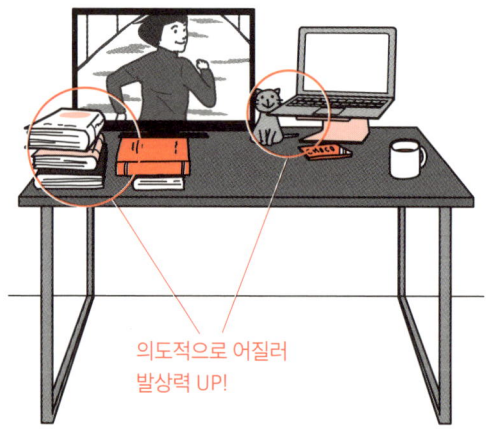

의도적으로 어질러 발상력 UP!

---

* **Evidence:** 미네소타 대학의 캐슬린 보스Kathleen Vohs 교수도 <어질러진 책상이 창의력을 높여준다>라는 연구 결과(※)를 발표했습니다.
※<A messy desk encourages a creative mind, study finds> American psychological association·October 2013, Vol 44, No.9

포인트는 '의도적'인 어지르기라는 것입니다.

저는 잡화점을 좋아해서 자주 갑니다. 언뜻 보면 가게 안이 무질서한 듯하지만, 선별된 아이템을 손님이 즐길 수 있도록 배치해 놓았습니다.

책상도 마찬가지입니다. 아이디어가 솟아나오듯이 외국 서적이나 팸플릿이 꽂혀 있는 상태와 하다가 남겨둔 일을 연상시키는 서류가 겹겹이 쌓인 상태에서 느끼는 편안함은 하늘과 땅 차이입니다. 일부러 전자처럼 아이템을 배치합니다.

의도적으로 편안한 혼돈을 만듭니다. 책상 위가 0인 상태를 기본으로 삼으며 창의적 모드로 들어갈 때만 필요한 물건을 의도적으로 배치하고, 집중하고 싶을 때는 물건을 정리하는 것만으로 OK입니다.

작업에 집중하는 것, 창의적인 아이디어를 짜는 것 모두 집의 책상에서 실현할 수 있으면 안성맞춤입니다. 먼저 기본 상태를 0으로 두고 무질서를 조절합니다.

③ 화상회의를 할 때

Zoom 등으로 화상회의를 할 때 배경으로 방이 보이는 구도라면 생활이 노출되어 마음이 어수선합니다. Zoom에 가상 배경이 있지만 다른 회의 시스템에서는 배경을 설정할 수 없고, 공식적인 면담에서는 배경을 사용하기 어려울 수도 있습니다.

책상 바로 옆에 벽이나 창문이 있다면 PC를 90도 움직여보세요. 이렇게 하면 벽과 인테리어 소품 몇 개만 화면에 비쳐 프라이버시를 지킬 수 있습니다.

높낮이가 조절되는 책상은 생활감을 감추기에 제격입니다. 책상의 높이를 120cm 정도까지 올리면 베란다에 빨래를 널어놓아도 전혀 보이지 않습니다. 회의하는 60분 동안 계속 서 있으면 운동도 되고 오랜 시간 이야기를 듣고 있어도 졸리지 않아 일석이조입니다.

높낮이가 조절되는 책상을 새로 구입하지 않아도 됩니다. 높이 조절이 가능한 PC 거치대를 책상 위에 두면 대체 가능합니다. 스탠드업 미팅(서서 참여하는 회의)도 꼭 시도해보세요.

④ 작업이 싫증날 때

책상에서 일하는 게 그냥 싫증날 때는 '일부러 다른 장소에서 작업합니다'. 불편하지만 매너리즘 방지 차원에서도 효과적입니다. 제가 쓰는 방법을 소개합니다.

- 의자에 PC를 놓고 바닥에 앉아서 작업한다.
- 아일랜드 조리대에 컴퓨터를 놓고 서서 작업한다.
- 베란다의 가드닝 의자에서 작업한다.

평소와 다른 환경에서 작업하는 것만으로 머릿속도, 기분도 산뜻해집니다. 다만 어디까지나 이건 기분 전환을 겸한 '긴급 대책'입니다.

30분 이상 지속하면 어깨 결림의 원인이 되기도 하므로 짧은 시간만 진행합니다.

보는 눈이 없으면 집중하지 못한다는 사람의 경우 몇 가지 대처법이 있습니다.

먼저 유튜브YouTube에서 '같이 공부', '카페소음'으로 검색해보세요. 상황에 따른 영상이 많이 있습니다. 또는 친구나 동료와 영상 통화를 하면서 집중하는 것도 방법입니다. 계속 통화를 할 때는 카카오 페이스톡 등 다양한 애플리케이션의 무료 영상 통화를 이용하는 것도 좋습니다.

Column

도쿄대 학생의 80%가 거실에서 공부하고 있다

여러분은 평소 '공부'를 얼마나 하고 있나요? 일이 바쁜 사람은 책상에 앉아서 공부할 시간을 내기가 힘들지도 모릅니다. 그런 사람에게 추천하는 것이 거실 학습입니다.*

*EVIDENCE:

《도쿄 대학 두뇌를 키우는 법(東大腦の育て方)》[슈후노토모샤(主婦の友社)]에 따르면, 도쿄대 학생 83%가 거실 학습을 한다고 합니다.
이것은 놀라운 숫자입니다. 감수자인 뇌과학자 다키 야스유키(瀧靖之) 씨는 "거실 학습은 공부와 그 외의 경계를 없애 생활의 일부로 만드는 효과가 있다"라고 말했습니다.

'자, 공부해야지!'가 되기까지 좀처럼 시동이 걸리지 않을 수도 있습니다. 그러나 편안하게 쉬고 나서 정신을 집중해 공부를 시작하는 것이 아니라, 느긋하게 쉬는 상태에서 자연스럽게 공부를 시작하기 때문에 무리 없이 계속 집중할 수 있을 것입니다. 이것을 습관으로 만들면 됩니다.
저는 입시 공부를 식탁과 제 방 두 곳에서 했습니다. 두 곳이 일직선상에 있어 주방에서 요리하는 엄마를 가까이에서 느끼면서 거실 테이블과 제 방을 오가며 매일 지치지 않고 즐겁게 공부했습니다.

'학원 자습실에서 공부에 집중하고, 방에서는 늘어져서 보낸다'는 타입의 친구들도 있었는데, 공부하는 습관이 생활에 녹아들면 자투리 시간에도 금방 공부에 집중할 수 있어 효과적입니다.

거실이든 식탁이든 상관없습니다. 습관화하는 것이 중요합니다. "집이 좁아", "내 방이 없어"라며 집에서 일이나 공부를 하는 상황에서 도망치지는 않았나요? 좋은 결과를 내는 사람은 환경을 핑계로 삼지 않습니다. 오늘부터 환경을 탓하는 건 그만두기로 해요.

Daily Life

서재로 출근하는
여행 작가의 방

나는 떠나고 싶은 마음은 굴뚝같지만 떠나지 못하는 여행 작가다. 코로나 이후 침실에서 서재로 출근하는 프리랜서로 살고 있다. 서재로 가는 길, 부엌에 들러 커피를 내린 후 거실로 향한다. 소파에서 커피를 홀짝이며 책을 읽다 보면 머릿속 스위치가 탁 켜지면서 쓰고 싶은 문장이 떠오르기도 하니까.

매달 3~5개의 원고를, 매년 한 권 이상 책을 써온 저술 노동자인 내겐 아침부터 글쓰기 좋은 모드로의 전환이 중요하기에 굳이 서재에서 역방향인 거실을 또 한 번 경유한다. '아, 글쓰기 싫다'는 생각이 들 땐? 그래도 책상으로 직행한다.(사실 이런 날이 더 많다.) 책상에 앉아 자료라도 뒤적여야 글을 구상하고 첫 문장을 시작할 수 있기에.

한 문장 한 문장 써 나가다 보면 한 문단 두 문단이 되고, 행복한 고민을 할 시간이 다가온다. '오늘 점심은 뭐 먹지?'

식탁 생활자에서 책상 생활자로

"책상이 없는 사람은 재산이 없는 사람처럼 가난하고 허전한 사람이다"라는 말이 있다. 그래서일까. 나는 늘 허전했다. 여행 작가로 전업한 후에도 내 집 식탁과 카페 테이블을 오가며 일했다. 카페를 전전하는 데 지칠 즈음, '서재'로 쓸 수 있는 방이 생겼다. 인테리어 콘셉트는 '빈티지한 북 카페'로 정하고 벽지와 책장을 골랐다. 책상은 방 한가운데 두어 서재의 리더 역할을 맡기기로 했다. 어떤 책상을 살지 궁리하던 끝에 세로 폭이 넓어야 자료를 펼쳐놓고 글쓰기 좋을 것 같아 120×80cm의 식탁용 테이블을 주문했다. 아뿔싸. 조립하니 집에 있던 의자와 높이가 맞지 않았다. 책상 다리 연장 시술을 할 것인지, 의자 다리 절단 수술을 할 것인지 고민하다 결국 책상 높이에 맞춰 낮은 라운지체어도 샀다. 후에 안 사실인데 발이 바닥에서 뜨지 않아야 몸에 맞는 의자 높이라고. 실수로 산 테이블 덕에 나는 발을 바닥에 붙이고 편안한 자세로 일한다.

내 책상 위 문방사우

책상 생활 3년 차, 내 책상 위에 문방사우가 늘었다. 정중앙에는 노트북, 노트북 앞에는 키보드와 원목 팜레스트를 배치했다. 깔 맞춤 외길 인생을 걸어온 나답게 팜레스트, 펜 트레이, 마우스 패드는 호두나무색으로 맞춰 통일감을 주었다. 노트북 오른쪽에는 달력과 떡 메모지, 연필과 볼펜을 얹는 펜 트레이, 마우스 패드를 두었다. 마우스 패드 곁에는 노트를 둔다. 노트북 왼편에서는 도서관 느낌이 나는 초록색 스탠드와 일력, 명함꽂이, 갈색 철제 독서대가 나의 재택근무를 도와준다. 자료를 보며 원고를 쓰거나, 원고 쓰기 전 워밍업으로 필사를 할 때 독서대가 있어야 목도 덜 아프고 집중하기 좋다.

책상 위 모든 물건은 몇 번의 시행착오를 거친 후 배치를 완성했다. 어차피 매일 하는 일, 기분 좋게 하기 위해 책상 위 질서를 유지하려고 한다. 일주일에 한 번은 미니 빗자루를 꺼내 키보드 사이 먼지를 탈탈 털고, 펜 트레이 결을 따라 쓱쓱 쓸며 책상 위 물건들과 눈을 맞춘다.

앞에서 끌어주는 일력과 뒤에서 밀어주는 타이머

프리랜서의 장점은 출근하지 않아도 된다는 것이고, 단점은 퇴근도 하지

않게 된다는 것이다. 출퇴근 시간이 따로 없다 보니 날짜 감각이 무뎌지고 시간 관리가 느슨해져 야근과 주말 근무를 하게 된다. 그래서 나는 일력과 타이머를 쓴다. 매일 아침 엄지손가락과 집게손가락에 힘을 주어 착 소리가 나게 일력을 넘긴다. 얇은 종이가 손가락 끝에 닿는 미세한 감각을 느끼며 머릿속에 날짜를 새긴다. 하루 종일 정해진 양의 일을 해야 할 땐 '포모도로 기법'도 쓴다. 프란체스코 시릴로가 고안한 시간 관리법으로 타이머를 25분으로 맞춰 집중해서 일한 다음 5분 쉬는 방식이다. 그보다 중요한 것은 퇴근 시간을 지키는 것. 퇴근 후엔 서재를 나서 장을 보러 가거나 공원 산책이라도 즐겨야 일과 생활이 분리된다.

➕ 우지경

여행 작가, 프리랜서 에디터, 에세이스트. 10년째 글 쓰는 사람으로 살고 있다. 중앙일보, 매일경제신문 등에 칼럼을 연재했으며 《떠나고 싶은 마음은 굴뚝같지만》, 《배틀트립》, 《스톱오버 헬싱키》 등의 책을 썼다. 인스타그램 @traveletter

나오며

꿈은 집에서 이루어진다

지금까지 제가 '꿈을 이룬' 장소는 집 안이었습니다.

어린 시절에는 각본가인 할아버지를 동경해 책상 가득 원고지를 펼쳐놓고 혼자서 이야기나 각본을 쓰며 놀았습니다. 도쿄 대학 입시 때도, 대학 졸업 논문을 쓸 때도 집에 있는 공부용 책상에서 가장 많은 시간을 보냈고요.

수험생 시절에는 하루에 10시간 이상 집에 틀어박혀 공부를 했습니다. 이상한 점은 지금도 본가에서 당시 사용했던 공부용 책상에 앉으면 몇 시간이고 힘이 지속된다는 것입니다.

만약 부모님께서 사주신 책상이 2cm만 낮았어도 그렇게 긴 시간 동안 공부에 열중하지 않았을 거예요. 부모님이 만들어주신 온화한 가정환경도 제가 '집을 좋아하는 아이'로 자란 요인입니다. 아버지께서는 자주 서재에서 독서를 하셨고, 어머니께서는 주방에서 요리를 하시거나 식탁에서 그림을 그리셨습니다.

사회인이 되고 나서도 제 커리어를 바꿀 만한 재치와 눈치는 집의 욕실이나 거실에서 탄생한 것이 많습니다. 첫 번째 책《물건이 많다 방이 좁다 시간이 없다. 그래도 버리지 못하는 사람의 버리지 않는 정리モノが多い 部屋が狭い 時間がない でも、捨てられない人の捨てない片づけ》[디스커버 투엔티원ディスカヴァー・トゥエンティワン]와 두 번째 책인 이 책도 모두 집에서 썼습니다.

"집에서 일이나 공부하는 상황을 전제로 한 '정리 방법'을 고메다 씨에게 배우고 싶어요." PHP연구소의 오스미 겐大隅元 부편집장님이 보낸 이 트위터 DM은 이 책을 쓰는 계기가 되었습니다. 오스미 씨를 직접 만나뵌 것은 한 번뿐이고, 화상회의를 하고 페이스북 메신저로 원고를 주고받았습니다. 취재를 할 때도 SNS를 통해 협력을 받아 그럭저럭 이 책이 완성되었습니다.

저는 방향치이며 더위랑 추위도 많이 타고, 걸핏하면 멀미나 사람멀미를 합니다. 높은 곳도, 폐쇄된 곳도, 어두운 곳도 싫어합니다. 캠핑처럼 힘든 어려움을 이겨내는 생활에는 전혀 적응하지 못하는데 집에 있으면 언제나 마음이 편합니다. 기술의 진보로

'집 안에서 할 수 있는 일'이 해마다 폭을 넓혀가는 좋은 시대에 태어난 것에 감사하고 있습니다.

어린아이가 있는 분, 재택 간병을 하고 있는 분 등 제가 상상할 수 없는 상황도 많지만, 다양한 가정환경에서 '집중해서 일이나 공부를 하고 싶은' 분들에게 참고가 될 만한 방 정리의 기본을 소개했습니다. 여러분이 '집에서 일이나 공부'를 순조롭게 진행하는 데 이 책이 조금이라도 힌트가 된다면 행복할 것입니다.

마지막으로 PHP연구소의 오스미 겐 씨와 직원 여러분, 주식회사 서말리의 야마모토 겐스케山本憲資 씨, 시미즈 마치淸水万稚 씨, 다나카 유카田中佑佳 씨, 오카모토 마유코岡本眞由子 씨, 취재에 협력해주신 분들, 그리고 꿈이 가득한 집을 만들어주신 부모님과 남동생에게 감사의 마음을 전합니다.

옮긴이 박연정

성균관대학교 사학과를 졸업하고 동 대학원에서 동아시아사를 공부하다 휴학했다. 일본어로 쓰인 사료를 읽기 위해 배우기 시작한 일본어의 매력에 빠져 번역가를 꿈꾸게 되었다. 바른번역 글밥아카데미 일어출판번역 과정을 수료하고 현재 바른번역 소속 번역가로 활동하고 있다. 옮긴 책으로는《세상에서 가장 쉬운 패권 쟁탈의 세계사》가 있다.